わが人生 29

◉星槎グループ創設者
宮澤保夫

もっと楽しい学校

神奈川新聞社

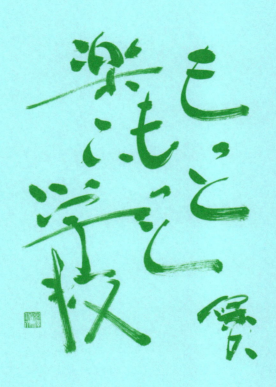

働謝力
労感努

宮本利也

星槎は皆んなで
育くむ
集合体／
宮澤保夫
2020 7/25

喜びの涙
悲しみの涙を
一人で流すのではなく
仲間と共感して
流す涙が
君をすばらしい人間にしてくれる

星槎グループ　会長　宮澤保夫

2017年5月、北東アフリカのエリトリア国で子どもたちとともに

もっともっと楽しい学校

本書は神奈川新聞「わが人生」欄に２０１８（平成30）年３月１日から５月31日まで、64回にわたって連載されたものに加筆いたしました。本文中の内容は、特に注記のない限り、新聞連載当時のものです。

まえがき

本書は、星槎グループの創業者であり、教育、震災支援、国際交流、スポーツ振興を通じて社会に多大な貢献を果たした宮澤保夫先生の生涯を記録したものです。

宮澤先生は、多様性を尊重し、人と人をつなぎ、新たな未来を切り開く教育を実践してこられました。その活動は日本国内のみならず、世界に広がり、多くの人々の人生に影響を与えました。私は、宮澤先生の生き様から多くを学びました。

私が宮澤先生と知りあったのは、２００６年のことです。当時、私が在籍していた東京大学医科学研究所（東大医科研）に財務省から出向していた中井徳太郎氏（元環境省事務次官）に「凄い人がいる」と紹介されました。中井氏の人物評は的確で、一度お会いするだけで、その実力はわかりました。

星槎グループの「本業」は、学習障害や発達障害を抱える生徒を対象とした一貫教育です。星槎とは「星のいかだ」という意味で、星槎大学の教育理念には「多様な文化、多彩な人生が交錯して形作る星座は科学と学びのロマンを伴い世界の道しるべである。地域社会や国際社会の多くの人々に役立つ人となるために、生活の中で生涯学びつつ、大きな桟《いかだ》たらん」と書かれています。宮澤先生は一代で、一人一人の個性を重視した他に例をみない学校を作り上げました。

私は医師です。このあたりの教育には詳しくありません。私が、宮澤先生率いる星槎グループの先生方の実力を痛感したのは、東日本大震災後の福島県の支援でご一緒したときです。

東日本大震災後の福島県浜通り地方の支援活動で、星槎グループは多大な貢献をされました。震災直後の２０１１年3月17日から、福島県郡山市と仙台市にある学習センターに救援物質を運ぶべく、星槎グループの生徒や職員が被災地に入りました。幸い、何れの学習センターも被害は軽度でしたが、そこで「南相馬市が酷いことになっている」と聞きつけたスタッフは、そのまま南相馬市へと向かったのです。防災無線を駆使して、現地の情報を収集しました。

宮澤会長は日本を代表する無線通信の専門家でもありました。「災害時には防災無線以外はあまり役立たないんだよ」と語っておられました。星槎グループは、我々では知り得ない様々な情報を入手していました。

南相馬市に入った星槎グループの先生たちの行動力は凄まじく、現地に入ると、住民の大部分が避難し、多くの旅館・ホテルが休業している中、「扇屋」というホテルの部屋を確保し、翌日は南相馬市役所の隣に部屋を借りて、活動体制を整備しました。

丁度このころ、東京大学医科学研究所で私が指導していた大学院生だった坪倉正治医師（現福島県立医科大学教授）が浜通りに入り、星槎グループと合流しました。先遣隊に続き、宮澤会長自らが、浜通りに入っていると聞いていましたので、坪倉医師が東京を出発する際、「現地に入ったら、宮澤会長に携帯電話で連絡するように」と伝えました。

当時、南相馬市の住民の多くは避難しており、周辺の店は営業していませんでした。旅館が提供したのは朝ご飯だけです。星槎グループの先生方は、食事、水、ガソリン、生活雑貨を何処からか調達してこられました。坪倉医師をはじめ、当時、現地に入っていたボランティアの多くは、ロジを星槎グループの先生方にお世話になっていました。

宮澤会長は、星槎グループの先生たちに「被災した方から我々が頼まれた事に対しては全力でやれ。『それはできません』って簡単に返事するな」と繰り返しておられました。この姿勢は、その後も変わりませんでした。相馬市・飯舘村・川内村（写真）などで健康相談会や、相馬市・南相馬市で放射線説明会を行いましたが、活動への協力を依頼しても、

「そうか、それは本当に良いことだね。絶対に我々は何があっても全面的に支援するからね」と約束してくれました。そしてその言葉通り、星槎グループの皆さんにロジ面など多大なご支援をいただいたのです。

２０１１年4月中には東京大学医科学研究所の私たちの研究室と共同で、相馬市生涯学習センターにオフィスを開設しました。そして、ここを拠点に、星槎グループは南相馬市だけでなく、相馬市教育委員会とも連携して、相馬市内の小中学校の生徒のカウンセリングを始めました。特に津波被害の大きかった四つの小中学校を重点的にケアしました。その中心には、カウンセリングの専門家である安部雅昭先生と吉田克彦先生がおられました。安部先生は、２０１１年だけで生徒１０３件、教師85件のカウンセリングをこなしました。星槎グループの支援活動は24年11月現在も続いています。

星槎グループのもう一つの活動は、通称「星槎寮」と呼ばれる宿舎の運営でした。11年4月から、相馬市の中心部に位置する、キッチン・ユニットバス・和室が数部屋ある一棟を、星槎グループが運営してくれることとなりました。

星槎グループの事務長である尾崎達也先生（現学校法人国際学園理事）が、「寮長」に任命され、合宿所の管理を取り仕切りました。そして、坪倉医師は、尾崎寮長の元、ここの「住人」となり、星槎寮を拠点に活動を拡げていったのです。

多い時には一度に男女あわせて20名近くの医師、学生たちが、入れ替わり立ち替わり宿泊しました。震災からほどなく、復興需要が高まり、相馬市内の民宿やホテルはいつも満室となっていました。震災後、各地から定期的・不定期に相馬を訪れる医師達やボランティアの学生達にとって、宿泊先の確保は頭の痛い問題でしたが、合宿所があるお陰で、「宿が取れないから参加できません」という事もありませんでした。日中はオフィスで、夜は合宿所での深夜までのディスカッションや飲み会を通じて、さらにネットワークを深めることができるようになりました。このようなネットワークが、被災地の復興を支えました。

2011年7月16日、福島県川内村の健康診断会場にて。左から筆者、宮澤会長

これが、私が知る宮澤先生と星槎グループの姿です。私は、このような活動は「官でない公」と考えています。星槎グループのような集団こそ、現在の日本に必要です。

このような集団を作り上げたのは宮澤先生です。宮澤先生は、パワフルで、カリスマ性を備えた人物です。優しく、面倒見がいいため、その周囲には多くの人々が集まります。私自身、その一人です。

宮澤先生は、私の「師匠」です。いくら感謝しても、しすぎることはありません。この本を読み、宮澤先生のことを知ってもらいたいと願っています。

医療ガバナンス研究所理事長・医師　上 昌広（かみ まさひろ）

〝異端児〟と言われて

20代で「学校をつくる」と広言した時から「むちゃなやつ」「夢想家」と言われ続けてきた。始まりは1972年、横浜市旭区に開いた鶴ケ峰セミナー（その後、ツルセミ）。生徒2人のその塾が、今日、幼稚園から大学まで3万人が集う星槎グループの起点になるとは夢にも思わなかった。

発達障害や学習障害などの言葉が知られていない頃から「分け隔てなく、子どもたちの居場所をつくる」ことに心血を注いだ。学校をつくるというのは難事だ。後に詳しく書くが、〝企業外にある企業内学校〟宮澤学園も、学習センター方式による〝登校型広域通信制高校〟星槎国際高校も日本初の試みだった。「前例がない」「君は教育の素人だ」。そんな声に何度はね返されたことか。

私は酒飲みだったし、だらしないし、口も行儀も悪い。が、子どもたちのためとなれば諦めることを知らない。「俺は間違っていない」という勝手な信念だけは固い。尊敬するチェ・ゲバラの言葉が私の背中を押す。

「行動せずして挫折することを拒否する」「私を必要としている人の所に私は行く」

星槎とは「星のいかだ」。いかだで天空の星を目指すという中国の故事にちなむ。いか

多忙な日々に朝6時から仕事を始める著者＝大磯町の星槎グループ本部

だは長さや太さの違う木を組み合わせた〃ふぞろいの個性〃の集合体だ。「共に生きる」こそ、星槎の理念。私たちは、三つの約束をする。

「人を認める」「人を排除しない」「仲間を作る」

私は教育者ではない。教育的環境をつくる側の人間である。「教育はこうあるべきだ」ではなく、「こんな学校があったら生徒は喜ぶだろう」という発想を重視している。

ツルセミ立ち上げから46年。私は子どもたちと学び、子どもたちに支えられ、ここまで来た。一方で親愛なる〃大人〃たちに窮地を救われたことも一度や二度ではない。

健康体を誇っていたが、59歳の時に転機が来た。不調を感じて診察を受けるとがんが発見され、胃を全摘。その後、悪性の大腸腫瘍を摘出した。目下、がんと生きる身だ。

それでも、昔と同じように、朝が来るのが待ち遠しい。さあ、今日は何をしようか。どんな人と出会えるだろうか――。
「教育界の異端児」などと言われる。そんな男の「わがまま人生」をつづることになった。少しでも読者諸氏に資するところがあれば幸いである。

祖父の教えに導かれ

私は1949年7月27日、町田市原町田に生まれた。〝団塊の世代〟のしんがりだ。男4人兄弟の末っ子だった。生家は宮沢酒店を営んでいた。この環境が私の人格形成に影響を与えたようだ。

父・勇（1914年生まれ）、母・チズ（1918年生まれ）、祖父・規一（1886年生まれ）が4人兄弟を見守ってくれた。

宮澤家は元は北条家に仕えた武士で、酒店は江戸時代からの老舗で、明治時代から酒を売るほかに、みそ、しょうゆを造ったという。明治時代には皇族の宿泊所に使われ、戦時中は少し離れた所には軍需工場として広い敷地の中をトロッコが走っていたそうだ。

敗戦後の農地改革で大半を手放したが、残った土地と屋敷だけでも相当な広さで、庭には大きな池が三つもあった。近くの小田急線玉川学園前駅の前には支店があり、両親が住み込みで切り盛りしていた。私たち兄弟は町田の本店の屋敷で祖父と暮らし、玉川学園前の支店家に遊びに行った。

祖父には、強烈な思い出がある。「ご飯を食べる時は正座しろ」「あいさつをきちんとしろ」「入浴中は百数えるまで湯船から出るな」と厳しくしつけられた。一方ではスケールの大きな、懐の深い人だった。

宮沢酒店は販売・配達と手広く商売をしていたから、戦前は従業員が大勢いた。朝鮮人も多かった。祖父は彼らと一緒にキムチやホルモン焼きを食べ、よく面倒を見た。私の遊び友達にも近所の朝鮮人の子がたくさんいた。

私が幼稚園に通っていたころだったか、「朝鮮人と遊んでいる」といじめられ、石を投げられたことがある。祖父は私の目をじっと見て聞いた。「おまえは、石を投げたやつと

厳しくて、優しくて、映画俳優みたいに格好良かった祖父

友達のどっちを取る？」。「友達と遊びたい」と答えると、「じゃあ、そうすればいい」と頭をなでてくれた。差別するな。分け隔てするな。祖父の教えは、私の精神の根っこになった。

後に火事で店が全焼した時、身を切ってお金を寄付してくれたのは普段遊んでいる朝鮮人の友達と家族だった。さらに後年、ある幼稚園の立て直しをめぐるトラブルで暴力団事務所で恐怖に震える私に終始寄り添ってくれたのは高校時代の朝鮮人の友達だった。

戦後、店には米軍基地に勤務するアメリカ人が増えた。ほかにも、いろいろな国の人がやって来た。彼らは酔って幼い私を抱き上げ、陽気にお国の歌を歌い、お国自慢をした。泣きながら家族の写真を見せてくれた米兵もいた。あの時、彼は何を悲しんでいたのだろう。大人の事情を理解できる年齢ではないが、あの時、「どこの国の人も、同じ人間なんだ」「誰とでも仲良くしたい」という思いを強く抱いた。

「人を認める」「人を排除しない」「仲間を作る」という星槎グループが掲げる理念の源は、祖父と宮沢酒店にあったのかもしれない。

火事を境に家運傾く

幼い私に「誰とでも分け隔てなく、仲良くしろ」と教えてくれた大好きな祖父が病気で亡くなったのは、私が町田市立町田第二小学校2年生の時だ。

初めて接した身近な人の死は衝撃だったが、この頃から宮澤家に暗雲が立ちこめる。発端は1954年。小田急線玉川学園前駅の駅前にあった宮沢酒店の支店が日中に火を出し、全焼してしまった。店には両親が住み込み、酒のほかに塩、みそ、しょうゆ、石油、ガソリンなども売っており、投げ捨てられたたばこの火が原因だったらしい。

居合わせた私は火勢の恐ろしさにただ震えていた。翌日、焼け跡に黒焦げの柱が1本だけ残っていた。

不幸な火災だったが、忘れられない出来事がある。一つは私の父が燃え上がる自分の店を顧みず、類焼を防ぐために隣家に水をかけ続けたということ。1メートルほどしか離れていない隣家は、無事だった。

そして被災直後から、近所の人たちが焼け跡のトタン板の上に見舞金を置いてくれた。貴重な5円、10円を出してくれた朝鮮人が多かった。そんなところにも、祖父の生き方が反映されていたようだ。

母と３人の兄と。母のひざにいるのが筆者

火災保険が普及していない時代で、支店も保険に入っていなかった。建て替えのために多額の借金をしなければならない。祖父と４兄弟が住む町田の屋敷は人手に渡り、私たち家族は全員で玉川学園前に引っ越した。

私は町田の小学校に電車通学することになった。先祖代々の土地と屋敷を失った祖父は打ちのめされ、その心労から病を得たのかもしれない。

父もまた、過労で体調を崩した。祖父の死が追い打ちをかけた。父は肝硬変で入退院を繰り返し、顔がむくんで土気色になってゆく。私は病院に泊まり込み、そこから登校したこともあった。

借金して建て替え、再開した店の売り上げ

はほとんど父の入院費・治療費に回された。私が小学校3年生の時、父が家に帰って来た。快方に向かったのではなく、最期を自宅で迎えるために。

9月、大雨が降った夜、眠っていた私は大音響とすさまじい振動で跳ね起きた。裏山が崩れ、大量の土砂がわが家に迫っていた。驚いて両親の部屋に飛び込むと、母と親戚の人たちが父の枕元に集まり、泣いている。父の享年は42。私は小学校2年生、3年生の時に祖父と父を相次いで亡くした。

母の苦闘が始まる。結婚前の母は県立女学校の先生で、国語を教えていた。子ども心にも商売向きの人ではないように思えた。ある晩、何か異様な気配を感じて私は目を覚ました。隣の母が布団をかぶり、声を殺して泣いていた。途方に暮れた私は「昔々、ある所に――」と浦島太郎の昔話を始めた。母のおえつは、かえって激しくなった。そんな夜が何度かあった。思い出すと、今でも胸が熱くなる。

じっとしていない子

火事に続く祖父と父の死で、宮澤家は苦難に見舞われた。

それでも、学校や放課後の私は友達と野原や山を駆け回り、木に登ってはターザンごっこに興じ、日が暮れるまで野球のボールを追いかけ、中古自転車を飛ばすやんちゃな子だった。

いっときもじっとしていないので、生傷が絶えない。時には、お米屋さんの売り物におしっこをかける悪さをしでかして、ひどく怒られた。

戦争の傷痕がまだ色濃く残っていて、街中では傷痍《しょうい》軍人の姿をよく見かけた。しかし、子どもには子どもの世界がある。大好きだったプロ野球・巨人軍の川上哲治や与那嶺要の活躍に興奮した。

相撲は結構強かったが、それには訳がある。小さいころから家業を手伝い、重いビール瓶のケースを持ち運びしていたから自然に足腰が強くなった。2年ほど柔道場に通ったこともある。

話術も巧みだった。本で読んだり、母や兄に聞いた面白い話や祖父が蓄音機で聴いていた落語、講談などを臨場感たっぷりに話すと、みんな興味津々。廊下の隅に集まって私の話を聞くようになった。

さて、勉強はというと社会、国語、体育はまあまあ得意だが、算数がからっきし駄目だった。今で言えば学習障害で、とにかく「足す」「引く」「掛ける」「割る」という概念がな

走り回っていた子どもの頃。木登りも大好きだった

かなかつかめない。手足の指を折っても、ビール瓶の王冠を数えても分からなかったが、ある時、兄が小銭を使って教えてくれると不思議なことにストンと理解できた。

今思えば、日頃、商売でお客相手に小銭のやりとりをして「お釣りを間違えるな」と諭されていたからだろう。この体験は、塾をやるようになって学習障害の子どもに接する時にとても役に立った。

障害といえば、1年から6年まで私の通知表の所見欄には決まって「極めて落ち着きがない」と指摘されていた。初めに書いた「いっときもじっとしていない」に通じるかもしれないが、今なら発達障害のひとつである注意欠陥多動性障害（ＡＤＨＤ）と診断されるだろう。

私は担任の先生に授業妨害と非難され、こっぴどく叱られた。先生は再三、母に苦情の電話をかけ、母は学校に呼び出された。

4年生の時、登校時間になるとおなかが痛くなる日が続いたのだ。先生嫌いの決定打は、母親が作ったお弁当のおかずを先生がみんなの前でちゃかしたこと。それを機に不登校になった。

先生は嫌いだが、友達とは無性に会いたい、遊びたい。3、4日して親友が見舞いに来てくれた時のうれしかったこと！　不登校は10日ほどで終わった。

後に塾で学習障害やＡＤＨＤ、不登校の子どもたちと接するようになった時、私自身の経験が大いに役に立った。

身に付いたしぶとさ

初めに説明したように、私は男ばかり4人兄弟の末っ子である。後で考えれば、その立場が私の人格形成に少なからず影響を与えたようだ。

兄はみんな頭が良かった。多くの新聞や本をよく読んだ。小学生の私に革命家チェ・ゲバラのことを分かりやすく教え、安全保障問題などをかみ砕いて解説してくれた。新聞といえば、宮澤家では８紙ほどの新聞を取っていたと記憶している。全国紙をはじめ、政党や宗教団体の機関紙など、どれもお客さんとの付き合いで購読していた。

宮沢酒店は酒だけでなく、塩、みそ、しょうゆ、雑貨などを手広く扱うよろず屋で、毎朝の私の役目は新聞を見て卵の価格を調べることだった。その日の価格によって、一つの袋に卵をいくつ入れて売れば利益が上がるかを考えた。

母は結婚前、国語の先生で、おもちゃよりも童話などの本をたくさん買ってくれた。新聞や本、母や兄から仕入れた豊富な知識が、私が学校の廊下の隅でみんなを集めて披露するおしゃべりのネタ元だった。

３人の兄は優しく、仲が良く、店の手伝いをし、家事を手伝った。家計が苦しいという事情もあっただろう。母は朝から晩まで働きづめで、私が「お母さんは、いつ寝てるの？」と聞くほどだった。

おかげで、借金を抱えながらも、店は何とかやっていけた。といっても、男ばかりが四六時中一緒にいれば、当然けんかをする。兄たちのけんかは、すさまじかった。ふすまはズタズタに破られ、窓ガラスが割られ、パトカーが飛んで来たこともある。私は、おろお

七五三の記念写真。５歳の筆者

ろするだけだった。

後に学校をつくろうとして、何度も窮地に追いやられた。しかし、私は「子どもたちのために」の一心で、決して諦めなかった。どれほど時間がかかっても、何とか小さな突破口を見つけ出し、そこをこじ開けた。


ある人に聞かれたことがある。「宮澤さんのしぶとさは、親譲りですか」。そういえば、母はよく「やっちゃんは、本当に諦めないわよね」と言っていた。交渉相手の役所幹部は最後に音を上げて「あなたのしぶとさには負けた」と苦笑していた。

今にして、思い当たる節がある。兄たちは体力も知力もはるか上で、私は何事によらず自信がなく、〝みそっかす〟だった。自分の意見は通らないし、欲しいものは買ってもらえない。そのため、自分の希望が実現するまで「待つ」ことにすっかり慣れてしまった。

しかし、その間、何もしないのではない。少しずつ自分に有利になるような環境をつくろうとする。慎重に周囲の顔色をうかがいつつ、時にさりげなく押したり引いたりしながら、それを手に入れるための隙間を見つけ出すまで待つ。

「しぶとさ」は3人の兄たちに鍛えられ、下っ端であるが故に身に付いた処世術のたまものかもしれない。

ゲバラとの〝出会い〟

「尊敬する人は？」と聞かれると「エルネスト・チェ・ゲバラ」と答える。ゲバラ没後50年に当たる2017年、キューバやボリビアでさまざまな行事があり、ゲバラとともに戦った日本人を描く映画「エルネスト」が公開された。

ゲバラはキューバ革命を成し遂げたフィデル・カストロの片腕として知られる。アルゼンチンに生まれ、国立ブエノスアイレス大学医学部生の時に中南米を回り、その現実を学んだ。

その後、メキシコでカストロと出会って共鳴し、ゲリラ部隊に身を投じた。キューバ革命の後、アフリカのコンゴに渡って革命に挑んだが失敗。1966年にボリビアに入り、翌年、ボリビア政府軍との戦闘中に逮捕された。同年10月処刑、39歳だった。

私とゲバラの〝出会い〟は小学4年生の時にさかのぼる。

1959年7月、その新聞記事と写真に引き付けられた。来日したゲバラが東京、大阪の後に予定になかった広島を訪問、平和記念公園で献花し、原爆資料館や病院を視察したという。もちろん、当時の私が最初からこの革命家を知っていた訳ではない。兄から得た知識である。

聞くほどにゲバラの鮮烈な生き方に感動した。「行動せずして挫折することを拒否する」「理想を追求して倒れることを辞さず」などの語録が脳裏に深く刻み込まれた。

もともと私は冒険心と正義感が強かったようだ。弱い者の味方になって悪や横暴な強者と戦う人々を描く話やドラマが好きだった。例えば当時、テレビで少年たちに人気だった西部劇「ローハイド」。大量の牛を運びながら困難に立ち向かうカウボーイたちの勇気と友情の物語に毎回引き込まれたものだ。

ゲバラへのあこがれと共感は、ますます膨らんでいった。といっても自らが革命を志向するわけではなく、理想と弱者のために殉じた彼の生と死に打たれた。私は彼の生き方、「私を必要としている所に私は行く」という生き方が好きなのだ。横浜市旭区の鶴ケ峰セミナー（現・ツルセミ）を立ち上げ、教えていた頃、格好つけて「We like Che!」とプリントしたシャツを作り、同僚や生徒たちに配ったこともある。

近藤彰利氏が撮影したチェ・ゲバラ

19歳の時に手に入れたチェ・ゲバラのポスターがある。その後、その撮影者を突き止め、日本人でただ一人、ゲバラを撮影した写真家・近藤彰利氏本人からゲバラの〝生写真〟を入手した。２００８年５月にゲバラの長女アレイダさんが来日した際には、握手する幸運に恵まれた。その写真は今でも執務室に飾っている。

理想を持て。諦めるな。考えろ。行動せよ。キューバ国立銀行総裁という地位に就いたゲバラは粗末なアパートに住み、贈り物は全て施設に提供したという。ゲバラに一歩でも近づきたい―それが私の変わらぬ人生の目的である。

獣医師になろうかと

動物が好きで小学生の頃、猫を15匹くらい、犬を5匹ほど飼っていた時期がある。家に迷い込んだり、捨てられていたのを私が拾ってきたりした。

最初の猫は玄関からフラリとやって来た。「マリ」と名付けた。町田の〝お屋敷〟に住んでいた当時に飼っていた猫の名前だ。次に現れたのは犬。名は「大関」。商売ものののお酒の銘柄から採った。

火事と祖父、父の相次ぐ死で没落した宮沢酒店。母が家業と私たち４人兄弟の養育に奮闘したが、借金が膨らんで家計は常に苦しい。

兄弟はよく家事を手伝った。末っ子の私の担当はビールやお酒の空き瓶の片付け、洗濯物の取り込み、風呂たき、そして猫や犬のごはん係。貧しいながらも、母は捨てられた動物を見捨てなかった。

病気で弱り切った猫がいた。ランドセルを背負って家を出ようとする私に体をすり寄せ、力のない声で鳴く。学校にいても気掛かりで、先生の話が頭に入らない。放課後、急いで帰宅すると猫は死んでいた。あれはお別れを言っていたのか…。家の裏のがけに墓を作った。生きものの生死に敏感になった。口のきけない、あわれさ。動物たちの気持ちを知りたい、命を救いたい。獣医師になろうと考えたこともある。がけに掘った墓は20カ所以上になった。

母と2人で猫を抱く小学3年生頃の筆者

こう書くと、感受性豊かで静かな子どものようだが、すでに白状したように表の私は完全に「動」。

それを示す一例が残っている。町田市立町田第二小学校、第10回卒業文集「思い出」。奥付に「昭和37年3月23日発行」とある。

私の作文の題は「洞くつたんけん」。「カランカランと鐘がなって授業がおわった。洞くつにいく友だちがあつまった」という書き出しで、「みんな長くつをはいてかいちゅう電燈をもって目的地にいそいだ。七つの洞くつが近くなると、むねがわくわくしてきた。しまいには、みんな走りだして、ついた時にはみんなハアハアいっていた」と続く。

そう。旧軍が掘ったものか、山すそや森の

中に防空壕のような洞くつがあちこちに残っていた。未知の闇に分け入る興奮。冒険心を満たす魅力的な舞台が、バーチャルではなく現実にたくさんあった。

「だれかがひとりおどかすと、みんなキャーとか、たすけてーなどといっせいににげだす」。過ぎ去った日がよみがえる。ボロボロになった文集を、よくなくさずにいたものだ。

文集の最後に生徒の住所録と寄せ書きが載っている。私は「将来の希望」欄に「カーボーイ」と書いていた。テレビの西部劇「ローハイド」について先述したが、牛の仕事をすることも大事な仕事だと思っていた。

映画に出演した？父

幼い頃に見た映画では「ノンちゃん雲に乗る」が強く印象に残っている。原作は石井桃子さんの児童文学で、映画では天才バイオリニストと騒がれた美少女、鰐淵晴子さんがノンちゃんを演じた。その撮影が小田急線玉川学園前駅の駅前にあったわが家の近くで行われ、しょっちゅうその様子を見に行った。映画の公開は1955年6月というから、撮影当時、私は幼稚園児だったか。

8歳の少女、田代信子（ノンちゃん）が木に登って遊んでいて木から落ち、池の中にドボン。気が付くと水の中の雲の上で、白いひげのおじいさんが、熊手でノンちゃんをすくって助けてくれた。ノンちゃんは、おじいさんに自分の身の上話をする―。ノンちゃんのお母さんにふんしたのは大女優、原節子さんだった。

宮沢酒店を営む父が、その撮影現場に出入りするようになった。ある日、配達に出向いた父が「映画に出演したぞ！」と興奮して帰って来た。家族も驚いたが、完成した映画に父が映っていたかどうか記憶がない。それはともかく、原さんと鰐淵さんは天下の美女と美少女。2人のあまりの美しさにドキマギしたことだけはよく覚えている。

美少女といえば、後年、吉永小百合さんにも心を奪われた。忘れがたいのは「キューポラのある街」（1962年公開）。埼玉県川口市の鋳物工場を舞台にした作品である。若い労働者（浜田光夫さん）たちの悩みと恋、友情などが心に染みた。世評も高かった。吉永さんは初々しく、はつらつとしていて、以来、私は〝サユリスト〟になった。

「男はつらいよ」も好きな作品だ。長年、星槎グループの朝会で話をしている。学校や生徒に関すること、あるいは時事問題などについて私見を述べる。そこである時、「男はつらいよ」の主人公、寅さん（渥美清さん）の名言を引いた。

「男はつらいよ」第39作「寅次郎物語」。勉強と恋に悩むおいの満男（吉岡秀隆さん）が

アルバムを調べたら意外に少なかった
両親のツーショット

寅さんに尋ねる。「人間は何のために生きてるのかな」。寅さんは「難しいことを聞くな、おまえは」と一瞬戸惑い、答える。「生まれて来て良かった、そう思うことが何べんかあるだろう。そのために生きてんじゃねえか」

つらい時、悲しい時、暗い冬を乗り越えるから春が来て、やっぱり生きていて良かったと思う。そして、そのつらいことの原因はもしかしたら自分がつくったのではないか。必要な努力をしていなかったから、そのような環境ができたのではないか。でも、そう考えることができるうちはまだいいのかもしれない。津波は突然やって来て、一瞬にして全てを奪った。理不尽だけれど人は心持ちひとつで逆境の中を前を向いて歩いてゆくこともできる。自分に誠実になることだ。それはこれからの自分を、いかに生かすかを考え続けることだ。

「寅さんの遺言」と題して、そんな話をした。

中学新聞の論説委員

1962（昭和37）年4月、私は町田市立第一中学校に入学した。小学校時代と同様、自宅（町田市本町田。現在の町田市玉川学園）の宮沢酒店がある小田急線玉川学園前駅から町田までの電車通学である。

60年安保闘争の余韻が残るなかで、アメリカが本格介入したベトナム戦争が激しさを増していった。

わが家では相変わらず多くの新聞を購読しており、3人の兄はそれを読んではよく議論をした。

日本はアメリカの戦争に協力している、米軍の戦車は相模原の米軍基地から横浜を経由してベトナムに運ばれるんだ、アジア人同士が戦っていることになる、日米安全保障条約は本当に日本を守るのか。そんな日々に、私も少しずつ戦争と平和を考えるようになった。その点についいては後で触れる。

部活は地歴部と陸上部、そして新聞委員会に所属した。地歴部は考古学への興味からだ。

古代の住居跡や貝塚が近くにたくさんあって、土器などが出土した。大学生の発掘調査にくっついて行って夢中になり、昔そこに住んでいた人々の生活ぶりへの想像を果てしなく広げてゆく。どんな物を食べていたのか、狩りや漁の手段は？　衣服は？　言葉は？　トイレは？　考え始めると、楽しくて仕方がない。興味があることには、とことん打ち込んだ。

陸上部では中・長距離走が得意だった。野原を駆け回った幼い頃は毎日クロスカントリーをしていたようなものだし、家業を手伝って重いビール瓶や酒のケースを持ち運びしたことで足腰が鍛えられた。その成果か、小学校の1年から走ることではいつもクラス代表、時には学年、学校代表にもなった。高校入学時の1500メートルの自己最高記録は4分30秒を切っていたから、そこそこのレベルと言えるだろう。

さて、新聞委員会である。小さい頃から読むこと、書くことは好きだった。貧しくても、母は本はよく与えてくれた。手元に色あせてボロボロの「町田一中新聞」がある。昭和40年3月19日発行の卒業記念号でガリ版刷り、タブロイド判、4ページ。1面肩に「論説」が載っている。筆者は3年4組の宮沢保夫。なんと、私は論説委員だったのだ。

見出しは「遅刻という名の不作法」。「『約束』という言葉はかんたんに言うものではない、自分の信用をかけている言葉だから」と始め、時間を守る約束をしながらなぜ遅刻するのかと問い、「最も大せつな礼儀の一つは時間を守ることだ」と書く。

成績は小学校の時と変わらなかった。好きな科目は社会、国語、英語、体育。嫌いな数学は全く勉強する気にならなかった。楽しくないことには徹底的に背を向けた。全教科にわたって良い点を取るということに関心がなかった。関心と無関心の極端な落差。今なら明らかに発達障害と診断されるだろう。

☆明るい学校にしよう。
☆きれいな学校にしよう。
☆健康な学校にしよう。
☆すみよい学校にしよう。

町田一中新聞

発行所 町田市立第一中学校 生徒会新聞委員会

印刷所 八王子市台町11（七小裏通り） 富士森工房 TEL(0426) 2-5091

卒業を祝して

論説 遅刻という名の不作法

私の論説が１面に載った紙面

ベトナム戦争の影響

１９６４年、アメリカの軍艦が北ベトナム軍に攻撃された、とアメリカが発表した。トンキン湾事件である。翌年、米軍機が北ベトナムの爆撃（北爆）を開始し、アメリカのベトナム戦争介入が一気に本格化した。

日本では作家の小田実さんや小中陽太郎さんらによって「ベトナムに平和を！市民連合」（べ

猫を抱く筆者（左）と三男の兄・哲夫

平連）が結成され、市民や学生が手を組んでデモを繰り広げた。

ベトナム戦争をめぐって、わが家では優秀な兄たちの議論が激しくなった。中学生の私は彼らの話の全てを理解はできないまでも、真剣に話に耳を傾けた。宮沢酒店の中でお客さんが酒を飲みながら口角泡を飛ばしていると、その輪にそっと近づき、おじさんたちの口論に聞き入った。おかげで中学生の私は、すっかり〝耳年増〟になった。

日米安全保障（安保）条約について解説した本を買い込んだ。千円くらいした高価な本だった。中学生にとっては難解な内容だったが、あちこちに赤線を引きながら何とか読み切った。兄たちと肩を並べたいという背伸びもあっただろう。そこでつかんだ結論は「安保条約はアメリカが日本を守ってくれるものではなく、日本がアメリカの防波堤になるということだ」という認識だった。

ホームルームでも、ベトナム戦争が話題に上った。〝耳年増〟と学習のおかげで、いっぱしの意見を述べた。みんなの前で話をすることは、小学生の頃から得意だった。

ある日、近所で開かれた集会をのぞきに行った。今思えば、反戦平和を訴えるものだったろう。難解な言葉が飛び交う議論と演説の熱気は覚えている。後年、私はベ平連の運動にのめり込むが、平和への思いと行動の根っこは中学時代にあった。チェ・ゲバラに対する尊敬の念はますます強く、「行動せずして挫折することを拒否する」「理想を追求して倒れることを辞さず」など彼の言葉が私の背中を押した。

町田一中の新聞委員会に所属して、卒業記念の「町田一中新聞」に「論説」を書いたが、そこで卒業生全員が「後輩に贈る言葉」を残している。私はそこで「知恵や理屈では人は動かぬ、愛情こそ人を動かす力である」と、随分大人びたことを書いている。今読めば気恥ずかしいが、「愛情」を「情熱」と置き換えれば、その主張は後にさまざまな形で〝日本で初めての学校〟づくりに挑む私の信念になった。

もう一つ、中学時代に熱中したものにアマチュア無線がある。きっかけは小学6年生の時。同級生の堤正一君が無線機を持っていた。当時としては極めて珍しい高等な趣味であり、技術だ。彼が交信の現場を見せてくれた。目の前に外国人がいるように生々しい息遣いの声が響く。すげぇ！　私は、いたく感動してしまった。それを機に、アマチュア無線は私の〝生涯の友〟になる。

アマチュア無線に熱中

アマチュア無線の交信を初めて聞いた時の感動。小学校6年の3学期にそれを教えてくれた優秀な同級生、堤正一君とは残念ながら、別々の中学に進むことになった。余談だが、堤君は現在、一級建築士として活躍しており、星槎グループの学校の半分以上は彼の設計によっている。

最初の感動が薄れつつあった町田市立第一中学校2年の時。何というめぐり合わせか、またまた無線マニアの同級生、近藤君に出会った。

当時、アマチュア無線の機械と交信の免許を持っている中学生は極めてまれな存在だ。私は運がいい、と言うべきか。再びムクムクと興味が再燃した。

近藤君の指導で、まずはラジオを組み立て、それで無線を聞くことにした。電気、電流、配線などの基礎を教えてもらい、部品を買って組み立て、ハンダ付けする。

執務室で無線機に向かう筆者

例によって、好きなことには異常なほど熱中する性格だから、楽しくて充実していた。文字通り、時間がたつのを忘れた。技術家庭科の先生が手伝ってくれたことも、うれしい思い出だ。

完成したラジオに、無線を聞けるコンバーターを付けた。受信ＯＫ。やったぁ！である。が、そこはまだアマチュア無線の入り口。送信・交信という、もう一段上に行かなくてはならない。

日本の無線は電波法に基づいて国家が管理しており、要約すると、無線を運用するためには無線従事者免許と、自分の局を開いて運用する無線局免許が必要になる。ともに法律知識などが試験に出題される。当時、町田一中で無線従事者免許を持っていたのは先生を含めて4、5人だったと思う。

ところで、「アマチュア」というのは「素人」という意味だけではない。金銭的な利益ではなく「個人的な興味と技術研究」のための無線通信のことである。

アマチュア無線をやるなら、受信だけでなく、送信・交信したい。高校に入って、興味はより深まった。配線図、設計図を作り、部品をそろえる。高価で手が出ないものは自分で作るか、中古品を買うしかない。どの世界でも同じだか、マニア対象の専門誌があり、「売ります」「買います」といった情報コーナーを調べ、安い部品を手に入れた。電波、周波数、電離層、太陽の黒点との関係…学ばなければならないことが山ほどある。高校2年の時、晴れて私だけの無線局の開局にこぎつけた。

HAM（アマチュア無線技士）として最初に交信したのは、米国・カリフォルニア州のおじさんだった。次はドイツのやはりおじさんで、こちらは汗をかきながら片言の英語で懸命に話した。ドキドキして、何を話したのか内容は全く覚えていない。

以後、私の電波は世界を飛び回り、多くの外国人と交流するきっかけを作り、豊かな実りをもたらせてくれる。

「ジス・イズ・ゾロ」

「ハロー、CQCQ、ジス・イズ・××」と呼びかけると、世界中のHAM（ハム＝アマチュア無線技士）仲間と交信できる。「××」には私の無線のニックネームを入れる。本名の「保夫」は外国人には発音しにくいようで、「ヤシュオウ」などと呼ばれて戸惑っていた。以前、進駐軍の兵隊さんたちに3、4歳のやんちゃな私は「ソリート（子ギツネの意味）」と呼ばれていた。その後、宮沢商店のお得意さまの大学の先生に、「ソリート」が大人になると「ゾロ」であることを教えていただいた。また、当時、子どもたちに人気のテレビシリーズ「怪傑ゾロ」があり、私はニックネームを「ゾロ」にした。これはすっきりして、大いに気に入った。

現在までに私が交信した世界中のハム仲間は20万人ほどになるだろうか。国際的な組織が1年間かけて行う交信記録のコンテストでアジア1位、世界3位にランクされたこともある。おかげで英会話の力がそれなりに上達し、世界の地理に詳しくなった。

コンテストといえば、無線はスポーツでもある。エッ?と思われるかもしれないが、例えば「フィールドデイ」と称して仲間と山頂に登って無線のキャンプをしたり、あるいは「フォックスハンティング」といって隠された送信機をキツネに見立て、電波を頼りに山

1972年、「鶴ケ峰セミナー」を立ち上げた頃、無線機の前の筆者

野を駆け巡り、「狩り」をするゲームもある。

さて、交信を始めた高校2年の頃、仲良くなったのがグアムで数学の先生をしていたアメリカ人、バート・トンプソンさん。私はマイクを片手に、英和・和英辞書をめくりながら懸命に日本の文化などをバートさんに伝えた。一つの話題が終わるまで、分からないことは何度も何度も聞き返した。バートさんも熱心に答えてくれた。

バートさんが夫人とともに初めて来日したのは1969年。私は20歳になっていた。羽田空港で感動の抱擁をした。ガイドブックを手に新宿の観光案内をしている時、ちょっとした出来事があった。

全国の大学で学園紛争の嵐が吹き荒れ、連

日、学生と機動隊が激突していた時代である。私たちは新宿で反戦・反米のデモに出くわした。私はご夫妻に「ちょっと待っていてください」と断って、仲間たちが参加しているデモに加わった。反戦・平和への思いを抑えきれなかった。ご夫妻は複雑な心境だったろうが、戻って来た私を見つめる目は優しかった。その時、渡した「Don't kill in Vietnam」の缶バッジを、ご夫妻は帰国後も大切に扱ってくれた。

バートさんはその後、サイパンに移り、マリアナ高校の教壇に立った。後に宮澤学園の定例行事である"戦争と平和を考える"サイパン研修旅行と、両校が姉妹校になる契機になった。

アマチュア無線が生んだ実りの一つである。

高校で「利他の精神」

私は町田市立第一中学校から藤沢商業高校（現・藤沢翔陵高校）に進学した。先述したように、念願のアマチュア無線局を開いたのは高校2年の時である。3年間の高校生活は楽しくて、天国のようだった。

実家の宮沢酒店では母の孤軍奮闘が続いていたが、相変わらず借金のために暮らし向きは楽ではない。加えて、私は受験や進学にさほど興味がなかった。もともと、満遍なくいい成績を取るということに価値が見いだせない生徒なのだ。

たまたま、親戚のおじが藤沢商業の教頭や先生をしていた。「あんたは学費のことを心配しなくていいから」と母が受験を勧めてくれるので、じゃあ、と少しはまじめに勉強もした。兄が対策問題を多く作ってくれた。それらの中からうれしいことに入試問題が出た。おかげで、2番の成績でパスしたらしい。

その後、塾で受験指導するようになってからも、入試問題の「傾向と対策」をつかむ私の〝能力〟は、いかんなく発揮された。

入学金や授業料などはおじたちが負担してくれたのか、あるいは学費免除だったのか、優遇措置を取ってくれたのか、とにかく私は高校に入学することができた。ただし、「大学を卒業後、この高校に戻って最低5年間は教職に就くこと」が条件だったと母から聞いた。

藤沢商業の母体は時宗総本山「清浄光寺」、通称「遊行寺」である。バレーボールや野球、陸上競技などスポーツの強豪校として広く知られ、校風は自由闊達（かったつ）、個性的な先生と生徒がとても多かった。

高校１年の夏、学校のポスターのモデルになった筆者。
英文タイプを打っている

私のおじの先生は、その一人。「今日の授業はここまで」と切り上げると、あとは自分の博識ぶりを面白おかしく披露する。この先生は同僚の先生を連れて、よく宮沢酒店に飲みに来たものだ。授業中、酒の臭いをさせていることもあった。特攻隊の生き残りの先生は、戦友を語りながらおえつした。さまざまな人生を垣間見た。古典を厳しく教えた〝おばちゃん先生〟は私を「やっちゃん」と呼んだ。

生徒仲間では、天才的な鉄道マニアの陰に隠された努力に感動した思い出がある。個性豊かな仲間たちが大変多かった。

部活ではバドミントン部と陸上部、放送部を掛け持ちした。全国に聞こえた陸上部のレベルはさすがに高く、私は駅伝大会の控えに選ばれるのが精いっぱいだった。

高校生活でぜひ書いておきたいのは、仏教の「利他の精神」を学んだことである。自分のことより、まず他人の利益や幸福を考えよ、という教えだ。

振り返れば、宮沢酒店が火事に見舞われた時、私の父は燃え上がるわが家を顧みず、隣家に水をかけ続けた。1メートルほどしか離れていない隣家は結局、無事だった。父は「利他の精神」を実践していたのだ。

以来、私は「自分のためではなく、子どもたちのために、みんなのために」の精神を支えに生きるようになった。

「べ平連」に熱中する

藤沢商業高校に学んだ3年間は天国のように楽しく、充実していた。アマチュア無線に没頭し、多くの個性的な先生や友達に囲まれた豊かな日々。仏教の「利他の精神」の教えは、その後の私の指針になった。

高校卒業は1968年。大学に行こうかとも考えたが、高校進学と同じように、もともと受験というものに興味がない。防衛大受験を勧められたが、試験科目が多くて諦めた。

というより、実はもっと私の関心を引いたことがあったのだ。

60年代、世界は激しく揺れた。63年、ケネディ米大統領暗殺。65年、米軍が北ベトナムの爆撃（北爆）開始。68年、南ベトナムのソンミ村で米軍による大量虐殺事件発生。同年、米国のキング牧師暗殺。パリで学生と警官隊が激突する「5月危機」。若者の反乱の炎は日本でも燃え上がり、全国の大学で連日のように学生と機動隊が衝突した。

高校生の私も、無関心ではいられなかった。日常的に3人の兄の議論を聞いていて、政治・社会には関心があった。中学時代に近所で開かれた反戦集会をのぞきに行ったことはすでに書いたが、高校生になると「思想を行動に移さなければ」という思いが、さらに強くなった。

小さい頃から戦争や空襲で家族を亡くした人たちの話を、たくさん聞いて育った。反戦平和への思いが、何となく身に付いていたのかもしれない。〝日本はアメリカの戦争に加担している〟〝結局、アジアの人同士が戦わされているんじゃないか〟〝日米安全保障条約は本当に日本を守るのか〟という疑問と焦り。「行動せずして挫折することを拒否する」「理想を追及して倒れることを辞さず」などゲバラの言葉がよみがえった。

65年、作家の小田実さんや小中陽太郎さんらが「ベトナムに平和を！市民連合（べ平連）」

1968年１月、横浜市中心部で行われた反戦デモ。学生や主婦の姿も

を結成、多くの若者や市民らが呼応した。

兄たちはすでに大学で全共闘系の活動をしており、高校生の私はひそかにベ平連の集会やデモに加わるようになった。もはや、大学受験どころではない。

浪人しても全てをデモや集会などの活動に費やした。とはいえ、母親には秘密。また、宮沢酒店のお客さんに知られて商売に影響すると困るので、ヘルメットをバッグや袋に隠し、普通の服装をして家を出た。

数日間帰宅しないこともしばしばで「友達と泊まりがけで遊びに行く」などとうそをついた。留置場に入ったこともある。

あの頃、母は真相をどこまで知っていたのだろうか。「やめろ」とは言わなかったが、「謹んでね」というようなつぶやきを漏らしたことを覚えている。

小中陽太郎さんには星槎大学の立ち上げ時から教授として国際関係などの教べんを取っていただいた。はるかな時を超えた不思議なめぐり合わせだ。

慶応大の通信課程へ

「ベトナムに平和を！市民連合」（べ平連）に加わっての活動は浪人生活中も変わらず、精力的に集会やデモに参加した。しかし、暴力には反対だった。党派やセクトなどの排他性は肌に合わないし、自分たちを唯一絶対とする教理にしばられるのも嫌だった。現在、星槎グループが掲げる「排除しない」「違いを認める」精神は幼い頃に祖父から学び、私の基本的な生き方になっていた。

一方で、これからどうするかはいつも頭にあった。経済的な面を含めて、いかに自立するか。実家の宮沢酒店の借金をどうするか。将来、何をするか―。まずは、生きるためにおカネを得なければならない。生活を切り詰め、材木運びや道路工事、家庭教師など20種類以上のアルバイトをこなした。そこで〝社会と人間〟を学んだ。

浪人2年目。活動で知り合った慶応大学生のFさんに「うちの大学に来ない？」と言わ

宮沢酒店の店頭で。後列右から３人目、白いベスト姿が筆者

れた。この人は、たまたま私が卒業した中学校の先輩でもあった。「来ない？」と言われても、入試がある。例によって受験勉強は全くしていないから、合格するわけがない。

　１９７０年、浪人３年目の再受験。今度はそれまでより少しは感触が良かった。しかし、慶応大から「サクラサク」の通知が届かなかった。その年の入試倍率は40倍以上であった。諦めかけていた時、またFさんが「通信教育というコースがあるよ」と教えてくれた。

　もうこれ以上、浪人はできない。通信教育課程は論文試験と書類審査だけでいいという。こうして、私は慶応大学文学部通信教育課程の学生になった。

　通信教育だから、通学・登校はしなくてよい。でも、せっかく大学に入ったのだから、時間がある時は普通の授業を受けてみたい。私は文学部史学科の在籍で、専門の歴史を中心に、教育関係科目を学びたいと考えていた。

またまたFさんが、その講座を持っている教授を知っているから相談してみようということになり、一緒にお会いした。しばらくして、出席OKになった。当時は大学がロックアウトされ、通学生もリポートによる単位認定が多かった。

以後、私は活動とアルバイトの合間を縫って、興味ある講義を聴き回り、知識を身に付けた。教授の理解を得て、いろいろなゼミにも参加した。

ある教授は「君は通信の学生だったのか！」と驚きながらも、単位をくれた。また、別の教授とも直接交渉して学ぶ機会を増やした。その体験が、後に私が通信・通学融合型の星槎大学を創立する礎になった。

結局、3年ほどで慶応大通信課程は中途退学した。72年に始めた塾の運営が多忙で大学の勉強に割く時間が取れなくなったのだ。その間に、私は100単位を取得した。卒業に必要な単位は、あとわずかであった。

私にとっては良き師、良き友に恵まれた実り豊かな大学生活だった。

船出は生徒2人から

1972年3月21日。横浜市旭区の相鉄線・鶴ケ峰駅近くに「鶴ケ峰セミナー」という塾を開いた。私が22歳の時である。仲間は、ほかに3人。その一人、島崎幸子《ゆきこ》は私のいとこで、後に妻になる。

塾の教室は島崎の実家が経営する幼稚園の一室を借りた。最初にやって来た生徒は2人だった。それがやがて「ツルセミ」と改称して県内有数の塾になり、さらには幼稚園から大学まで全国で約3万人が学ぶ星槎グループの〝基点〟になるとは夢にも思わなかった。名もなく、資金もなく、まして教育経験もない若者が塾を開くに至った経過を、まず書かなければならない。

「ベトナムに平和を!市民連合」(べ平連)で活動しながらアルバイトに励み、慶応大文学部の通信教育課程に学んだ。

反戦集会やデモに明け暮れる私は、やがて近所のうわさの種になり、母が切り盛りする宮沢酒店の顧客の間でも何かとささやかれるようになった。このままでは、商売に影響する—。私は家を出て、独立しようと決心した。

で、何をするか。実家に近所の中学生を集めて勉強を教えていたことがある。評判は良かったし、子どもたちとの時間は楽しかった。友人たちからも「塾の先生がいいんじゃない」と言われていた。じゃあ、塾でもやるか。おじが鶴ケ峰で幼稚園を経営していた。2階に父母会用の部屋があり、普段は空き部屋になっているらしい。おじに「そこを教室にしたい」と相談すると「週3日くらいなら」という条件で貸してくれることになった。私は鶴ケ峰に引っ越し、アパート暮らしを始めた。

幼稚園に間借りしていた「ツルセミ」時代の筆者と生徒

早速、仲間と準備を始めた。木の板に白ペンキで「鶴ケ峰セミナー」と大書して看板を作った。「申し込みは幼稚園へ」。ほかにPRの手段を持ち合わせていなかった。みんな、子どもが好きだったし、何とかなるだろう―。そんな気楽な船出だった。

募集するのは小・中学生。1年後には高校生も来てくれた。仲間と特別な教育理念を共有していたわけではないが、ワイワイ話をしているうちに「勉強ができる子も、できない子も、みんな一緒に楽しく過ごせる場所にしよう」という方向性が生まれた。約束は二つ。「仲良くやろう」「他人を傷つけない」

通知表の成績「5」の数を競うのではなく、「3」でも「2」でも、その子の尊敬される部分を育てる。だから、能力分けはしない。これは既成の塾に対する強烈なアンチだった。

月謝は3千円。入学金や教材費は面倒だから取らない。みんな、自分たちの給料のことはほとんど頭になかったと思う。机や椅子はあちこちから集めた中古品で、最新の機器や設備のたぐいはゼロ、知名度ゼロ。果たして、これで応募があるだろうか。いや、心配しても始まらない。小舟は、もう岸を離れたのだ。

勉強と多彩な行事と

1972年3月、幼稚園の一室を借りて始まった塾、鶴ケ峰セミナー。「生徒募集」の看板を出した翌日、記念すべき生徒第1号が現れた。駅前商店街の肉屋さんの息子、中学3年のK君。申し込みに見えたのはお母さんだった。K君はすぐに仲間を連れて来た。この生徒2人が、後の星槎グループの礎となった。

私たち教える4人は、次のことを確認し合った。「生徒が20人とすれば、1対20ではなく、1対1が20組あると考える。生徒は理解力も適性も一人一人違う」「私たちは教科という媒体を通して自分自身を生徒に伝えている。情熱は相手に伝わる」―など。

まず、私が作ったテストをK君たちにやってもらった。前に「能力分けしない」と書いたが、このテストは生徒の理解度と、どこでつまずいたかを知るためで、その子にふさわしい学習プログラムを組む上で欠かせない。現在、IEP(個別指導計画)と呼ばれる初歩的な方法といえるかもしれない。当時、ほかの塾ではまだやっていなかったと思う。

塾には開放感が満ちていた。生徒一人一人の能力や個性などをじっくり見極めて、それぞれに適した教材プリントなどを作っていった。できるだけ、生徒に話し掛ける。無口だった子が、少しずつ口を利いてくれるようになった。

間借りしている幼稚園の卒園生が塾に入り、教室が移った後も父母らの口コミで生徒が増え始めた。「あの塾は、なんか面白いらしい」。うわさが広まって、個性的な生徒がやって来た。野球の選手、ギターがうまい子、身体に障害を持つ子、腕っぷしが強い子、番長もやって来た。「どんな子にも居場所をつくる」「みんなおいでよ。一緒にやろうぜ」が私たちの合言葉だった。

　多彩なイベントを仕掛けた。運動会、キャンプ、クリスマス会。遠足ではバスを借り切って千葉県のマザー牧場や東京・上野の国立博物館などに繰り出した。上級生が下級生の面倒をよく見て、大家族のような楽しい雰囲気に包まれた。費用は全て塾持ちだった。

　とはいえ、遊ぶだけ、楽しいだけでは塾は成り立たない。進学、受験という現実的な問題がある。

「ツルセミ」の卒業パーティーでの筆者

　私たちは、それぞれの子に適した教材を手作りしながら、高校入試問題と神奈川県特有のアチーブメントテスト（ア・テスト）の分析・対策を徹底的にやった。母校・藤沢商業高校の先生の中に奥さまが塾を開いている方がいらして、いろいろご教示いただいた。
　将来の見通しなんて、持っていなかったように思う。あれこれ考えると、お金がかかることばかりだから考えないようにした。今の力でできることを精いっぱいやる――。そんな気持ちだった。

自己流の受験指導は、立派な実績を上げた。やがて「ツルセミなら受験は大丈夫」と言われ、私たちの手作り問題集がほかの塾から注文を受けるようになった。

「オール5」がなぜ？

生徒2人から船出した鶴ケ峰セミナーは順調に伸びて行った。口コミで増えた生徒は、ほどなく70人を超えた。幼稚園の間借り生活では、早くも限界になった。私は自分が暮らす幼稚園そばのアパートの部屋を塾にすることにした。

6畳・3畳の部屋と3畳のDK、バス、トイレ。本や家具を最小限にして、ほかは知人に譲るか捨てたが、どうしても手放せなかったものがある。反戦活動での分身ともいうべきヘルメットと旗だ。

連日のデモや集会で戦った〝戦友〟であった若き日の〝残照〟を手放すことができなかった。いつか、また出番があるかもしれない…。そう思いながら、私は傷だらけのヘルメット数個と旗を天袋に押し込んだ。下の押し入れだけが、プライベート空間になった。

「ツルセミ」で教えていた頃の筆者

アパートに引っ越した頃から塾は「ツルセミ」と呼ばれるようになったが、そこもすぐ満杯になった。授業のほかに、おしゃべりやゲームに興じて夜遅くなり、泊まっていく生徒もいる。ほかの住人に迷惑がかかる。

結論を急げば、10カ月後、アパートから少し離れた場所に12畳と6畳が2部屋ずつ、計4部屋の塾ができた。私たちの手持ち資金は、ごくわずか。アパートの大家さんのご厚意を柱に、ある生徒の父母のご協力を得て建てられた。その家屋を、格安の賃料で借りた。

振り返ると、これまで遭遇した数度の岐路や窮地で、実に多くの人たちのご厚意やお力に救われた。私には、いくら感謝しても、しきれない恩人があちこちにいる。

さて、塾を開いて3、4年たった頃だろうか。「こういう風にやれば、生徒を集めることができる」という自信めいたものが生まれた。印象に残る生徒がたくさんいるが、「オール5」の成績の生徒が申し込みに来た時のやりとりも忘れ難い。「どうしてうちに？　君なら、もう勉強する必要ないんじゃない？」と聞くと、その男の子は「楽しそうだから」と答えた。

当然、楽しいだけでは塾はやっていけない。評価の決め手は何よりも、まず志望校への合格実績である。その指導でツルセミは頑張った。

当時、神奈川県の高校進学は中学2年生の終わりに行われるアチーブメントテスト（ア・テスト）と内申書の成績によって進路指導がされていた。私たちはデータの集積と解析に取り組み、とりわけ公立高校のデータには自信を持っていた。ツルセミの進学指導はやがて「百発百中」と誇れるまでになった。

どの世界でも、出るくいは打たれる。新参者に対する既成勢力の非難や攻撃は古今、ジャンルを問わないだろう。私たちは「理解力は一人一人違う」という当たり前の事実を厳粛に受け止め、「その子が理解するのに必要な時間に、こちらが合わせる」ことに気づき、実践した。そこがツルセミの新しさ、個性だったかもしれない。

発達障害と向き合う

1972年に船出したツルセミの航海は順調だった。ある中学の部活ごとメンバーが、ごっそり入ってくるなど生徒はどんどん増えた。77年には同じ旭区の若葉台に若葉台セミナーを開いた。

その歩みのなかで、特筆すべきことがある。私たちがそれまで深く認識していなかった子どもたちの存在だ。「発達障害」という言葉がまだ知られていない時代に彼らと向き合い、考え、手探りで指導方法を研究した。それこそが、ツルセミ最大の存在意義だったといえるかもしれない。

特定の科目だけの理解が目立って遅い子。コミュニケーションがうまく取れない子。落ち着きがなく、他人に迷惑をかける子。成績全体は底辺にいるが、あることに対しては鋭い感性を発揮する子。現在、「発達障害」は他人とのやりとりが苦手な自閉症などの「広汎性発達障害」、読み書きなど特定な事柄に困難を抱える「学習障害」、落ち着きがない「注意欠如・多動性障害」などの総称とされている。

彼らに、どう対処するか。私たちは何時間も話し合った。さまざまなアイデアを出し、プリントを作り、彼らが理解できる手掛かりを模索した。いわば、教育のオーダーメイド。

ゲバラの写真パネルと「ツルセミ」時代の筆者

ほかの塾や学校ではやっていなかった方法に私たちは挑んだ。

人は皆それぞれ個性があるが、「何かが違う」子どもたち。日本で「発達障害」が〝認知〟され、社会的に定義され、支援体制が取られるようになったのは、ここ15年ほどのことである。私たちがツルセミで苦闘していた四十数年前には、アメリカですら、そういう分野に目が向き始めたばかりの段階で「発達障害」という言葉や概念が確立していなかった。

ただ、そうした子どもたちをまとめた研究があると知って早速、手に入れ、みんなで翻訳に取り掛かった。すると、興味深い発見があった。「この子の例は、おまえに似ているな」とか「俺にも、こういうところがあるぞ」といったケースが続々出て来たのだ。

ツルセミには天才肌や直感型など「普通とちょっと違う」個性的な先生がそろっていた。つまり、天才と変人は紙一重なのだ。みんな、はたと気づいた。「普通に見えても、人はそれぞれ、皆変わった要素を必ず持っている。だから、その子の個性や能力を伸ばすには、興味の対象や良いところを引き出してあげればいい。どんな子でも要するに教え方だ、訓練だ」と。

「手順を踏んで訓練すれば、理解のための回路ができる」「コミュニケーションが不得手な子も、適切な場面を与えれば関わりの糸口が見つかる」ということを、私たちは経験で学んでいた。私たちは間違っていないとその論文が教えてくれた。しかし、やらなければならないことは山ほどあった。

ツルセミでまかれた種は不登校や発達障害をメインにした学校づくりという現在の星槎の起点になる。

「俺が学校をつくる」

ツルセミは生徒も教室も増えて、順調な歩みを続けた。若葉台セミナーの生徒の中に、忘れられないA君という男の子がいる。私のその後の生き方を決めた少年である。

いつも笑顔で心の優しいA君だが、自分をうまく表現できず、学習面でも新しいことを理解するのに、ほかの生徒の3倍くらい時間がかかった。今で言えば、発達障害、学習障害である。

お父さんは「高校に進ませたいが、このままでは行く学校がない」と心を痛めていた。私たちは個別指導のプログラムを組み、時間をかけてA君を励まし、ともに努力を重ねた。その成果で少しずつ彼の学力は上向いていった。だが、高校入試倍率を突破するには届かなかった。私は私立高校にある程度人脈があったが、どの高校に頼んでもすでに定員がいっぱいで、どうにもならないという。

あんなにいい子が、行く学校がないなんて…。私は無力感に打ちのめされた。悔しくて、悲しくて、当時住んでいた旭区希望が丘のアパートに帰る途中の坂道を泣きながら歩いたことを覚えている。

以前にも、似た感情に襲われたことがあった。そう、べ平連運動に携わっていた頃だ。

「ツルセミ」の仲間とＶサインする筆者

いくら声を上げ、デモを繰り返しても、結局、世の中や政治を変えることはできなかった。あの時の挫折感、無力感がよみがえった。

１９７０年代半ばの高校進学率は90％を超えていた。私は第１次ベビーブームの時代であったが、第２次の世代の子どもたちが、間もなく高校受験を迎える。それは避けられない現実だ。進学したくても、行く高校がない中学浪人が増えることは目に見えていた。特に神奈川県は男子の学校不足が深刻だった。

「子どもたちをどうするんだよ！」。私は強い憤りを覚え、危機感を抱いた。そして周囲に広言してしまった。「よし、それなら、俺が学校をつくる！」。子どもたちを中心に据えた子どもたちが主役の学校づくりという、漠然とした夢は以前からあった。しかし、それを現実の目標としてはっきり認識し、覚悟したのはA君の一件があってからである。

私は塾の教壇から離れて、学校設立のための準備にまい進することにした。塾と並行して母校の藤沢商業高校（現・藤沢翔陵高校）でも教えていたが、それについては以前書いたように「大学を卒業したら、藤沢商業に戻って5年間、教壇に立つ」という約束があったのである。塾をやっているから何でもこなせると思われたのか、私は高校で国語や英語、社会など複数の科目を担当した。

約束の5年が終わる日を前に、校長は「これからどうする?」と聞いた。「学校をつくります」と答えると、校長はびっくりしていた。「おまえ、本気か?」と?マークがたくさん付いた顔で「無理だよ」と言われた。

最後には生徒と先生の胴上げと歓声で、私は母校を送り出された。

「技能連携校」に着目

塾と高校の教壇から離れた私は、経営者として塾の発展と、私が目指す、また社会が必要とする学校を創設することに専念した。個人事業だった鶴ケ峰セミナーを有限会社鶴ケ峰セミナーに変更。口コミ頼りだった宣伝にも工夫を凝らし、戦略を練った。全教室合わせると講習会時には生徒数は２５００人ほどに膨らみ、塾舎も４カ所に増えた。無駄を省いた結果、短期間で純益はかなりの額に達した。

さて、主眼の学校づくりである。私立高校をつくるには都道府県知事の認可が必要で、土地、運動場、校舎の面積など事細かに定められている。横浜市内に建てるとすると、法定上、自前の土地が必要で、総資金はざっと40億円と見た。そんなお金はない。さらに、手続きだけで数年かかりそうだ。第２次ベビーブーム世代の子どもたちの高校が足りないという深刻さは増して、中学浪人が社会問題になってきた。急がなければならない。さあ、どうする？　こういう時、私の生来の粘り強さ、しぶとさが生きる。

関係する諸法規や解説書などを、片っ端から読み込んだ。どこかに付け入る隙はないか。目を皿のようにして、頭を絞る日々が続いた。そして、見つけたのが学校教育法45条（現・55条）である。これは「定時制・通信制の教科の履修の特則」で、昭和36年に追加された。企業内に技能教育施設をつくり、それを通信制の高校と連携させて、高校卒の資格を取らせる仕組みだ。

この条文が追加された背景には、当時の社会事情が色濃く反映されている。昭和30年代、地方の中学卒業生たちは〝金の卵〟と称されて、集団就職でドッと上京してきた。映画「三

「ツルセミ」のイベントで歌う筆者

丁目の夕日」を思い起こしていただくと良いだろう。まだあどけない中学卒業生と母親たちとの車窓の別離の写真が、新聞に載った。

　自動車製造、電力会社、紡績などの大手企業は、働く彼らのために技能と勉強を行う学校を企業内につくった。これは技能教育施設として文部大臣（現文科大臣）から指定を受け、一般に「技能連携校」と呼ばれた。若者たちは技能実習で腕を磨き、連携する通信制高校の授業を受け、所定の単位を取得すれば高校卒業の資格を得る。私の周囲にも、そういう若い労働者が何人かいた。私は、いくつかの「技能連携校」を直接訪ねて、実態を調査した。

そこでひらめいたのが「技能連携校」を、企業「内」ではなく、企業の「外」につくれないかというアイデアである。条文を何度読み返しても、企業「内」に設置しなければならないとは書いてない。ならば企業の「外」、つまり街中につくってもいいのではないか。そこに高校に進学できない子どもたちを集め、通信制高校と連携して…。

これなら、私立高校をつくるほどの資金はかからない。私は腹をくくって文部省（現文科省）を訪ねた。

突破口開いたI校長

しかし、文部省担当官の答えは「そんな学校は前例がない」。はいそうですか、と引き下がるわけにはいかない。さらに関係諸法規を読みあさり、あらゆる角度からその解釈を試みては文部省に通って訴えた。「高校に行けない子どもを何とかしたいんです！」

担当官はただ突き放すのではなく、話だけは聞いてくれた。何度目かのやりとりの中で、ちらりとヒントをもらったような気がした。通信制の連携校を探してみよう、そちらから道が開けるかもしれない——。

それから半年くらいかけただろうか。関東地方はもちろん、関西、九州の通信制高校に

文部省（現文科省）との交渉を振り返る筆者

当たったが、「企業外の連携校なんて、聞いたことがない」という返事ばかり。暗礁に乗り上げた時、大阪のある高校の校長が興味を示し、東京・世田谷区にある科学技術学園高校（科技高）の校長を紹介してくれた。

早速、同校のI校長を訪ねると「面白い発想ですね」と、協力を約束してくれた。同校は財団法人・日本科学技術振興財団が設立した学校で、昼間定時制課程普通科と通信制課程を持っていた。当時、100を超す技能教育施設や専修学校と連携する通信制高校の最大手である。

I校長は通信制の歴史や仕組みを丁寧に教えてくれ、通信制は単位制による教育を採用している点が最大の特徴で、カリキュラムを全日制より柔軟に組むことができ、生徒の生活スタイルに合う勉強ができることなどを知った。

Ｉ校長は、わざわざ文部省へ同行し、担当官と話し合ってくれた。同省と太いパイプを持つ校長は私たちの考えに誠実に応え、情熱のこもった交渉をしてくれた。そして、ついに担当官から一つの回答を引き出した。「学校長が自分と提携する相手を決め、それが法的に当てはまっていれば良い」。企業ではなく、連携校サイドが主導権を握ったのだ。科技高の協力を得られることになり、私は日本初の「企業外にある技能教育施設」をつくる準備に突き進んだ。

今、振り返っても、Ｉ校長の存在の大きさと、その誠意と熱意につくづく頭が下がる。Ｉ校長と出会わなければ、私の計画は頓挫するか、あるいは実現までの時間がもっとかかったかもしれない。

これまで何度も窮地に立たされたが、その都度、私は素晴らしい人たちに出会い、そのおかげで切り抜けて来た。感謝、感謝である。

宮澤学園、出発進行

科学技術学園高校（科技高）の協力を得ることになって、私は日本初の「企業の外にある技能教育施設（技能連携校）」の設立に向けて準備を急いだ。第2次ベビーブーム世代の子どもたちの高校進学と中学浪人が社会問題になっている。高校に行けない子どもたちのために、早急に受け皿をつくらなければならなかった。

1982年、私は株式会社エスクエラ（現・オルビス）を設立。有限会社鶴ケ峰セミナーはエスクエラに吸収した。エスクエラはスペイン語で「学校」という意味だが、語感がよく、私は「小さな学校、人が集う場所」という思いをこの名前に込めた。新たに学校を造る決意表明である。

さて、技能教育施設になるには文部大臣の指定が必要だった。その手続きには、まだ時間がかかりそうだ。一日も早く子どもたちの居場所をつくるために、私は見切り発車やむなしと判断した。

とりあえず、通信制高校のサポート校としてスタートすることにした。科技高の通信制課程に在籍する子どもたちを支援するサポート校なら、文部省の指定がなくても開校できる。教室はビルの一室でも、アパートでも構わない。

宮澤学園第１回入学式は横浜市緑公会堂で行われた

84年12月、宮澤学園高等部設立。横浜市緑区、横浜線十日市場の駅前の貸しビルに数部屋を借り、それを仮の〝校舎〟にした。

校舎は後で建てればいい。急がなくてはならないのは生徒募集だ。私たちは手分けして横浜市内の中学校回りを始めた。宮澤学園は男子だけの４年制（当時、通信制は４年だった）で、科技高の通信制と連携しているが、授業は普通の高校のように毎日行う。自由学習、不登校生徒らの指導にも力を入れる。

そんな新しい試みを各中学の校長や進学担当の先生に一から説明してＰＲに努めた。さて、どれくらいの志願者があるだろうか。不安が頭をかすめる日もあった。

85年2月、いよいよ最初の入学試験。受験者150人。試験の出題範囲は小学校から中学2年の内容レベルを含む問題にした。その子がどの段階で勉強につまずいたのかを見極めるためである。

結果、110人が合格した。不合格者は本当は受け入れたかったのだが、学力的にも他の学校に合格する子どもたちであった。合格者のうち、入学手続きを済ませたのは100人。ぴったり100という数字に、私たちは何か「幸先の良さ」を感じたものだ。

教師陣は専任5人をはじめ、教員免許を持っているツルセミの先生を中心にした計十数人。新しい舞台を前に、みんな理想に燃え、意欲に満ちていた。

4月、第1期生入学式。不登校、成績不良、コミュニケーションがうまくとれない子ら、生徒たちはさまざまな特性や困難を持っていた。彼らを乗せて、無認可の宮澤学園はとにかく出発した。

ゲーム感覚で道探す

私は社会的な必要に応えて子どもたちのために学校をつくろうとしていることに自負があった。さまざまな壁に突き当たっても、めげなかった。

宮澤学園開校レセプションであいさつする筆者

例えば、教育関係法規の勉強や解釈などに没頭している時、ふと「見方を変えると、こういう解釈もできるんじゃないか」というアイデアが浮かぶ。そして、まるでミステリー小説の謎を解くように、あるいは真犯人を絞り込むように推論を組み立てる。ゲーム感覚に似ていた。新しい発見に心が躍り、そこへの道程が苦にならない。

新聞や雑誌などのインタビューを受けると、苦労話を聞かせてという注文を受けることがあるが、私は「苦労したことはない」と答える。確かに大変なエネルギーを使っているのだが、根が楽天的なのかもしれない。そして学んだ。「正しい道を見つける」のではなく、「間違えていない道を探す方が道幅は広い」と。

さて宮澤学園高等部の記念すべき1期生である。その100人の中にはいじめ、その他の問題による不登校、成績不良、コミュニケーション障害の生徒ら、さまざまな困難や特性を持つ子がいた。彼らは1組と2組は駅前のビルに、3組と4組は隣のビルにという仮住まいである。

当然のように、今までになかった仕組みの高校を非難する声が上がった。「校舎がない高校なんて」「生徒は科技校と宮澤学園の両方に授業料を払う。二重取りじゃないか」。が、支援者もたくさんいた。多くの中学の先生が「この子たちを救ってくれる学校ができて本当にありがたい」と感謝してくれた。近隣中学校の先生方を集めた懇談会では、協力的な声が多かった。日産自動車が移転で使わなくなった自動車整備工場を無償でプレゼントしてくれた時のうれしさを、昨日のように思い出す。

後に触れるが、宮澤学園のカリキュラムはとても弾力的で、選択科目には自動車工学や芸術分野など多彩な講座がそろっており、自動車整備士などさまざまな資格を取得できる。

通信制は全日制と比べて、規定授業時間に弾力性がある。そのため、特色のある選択科目をつくることが可能なのだ。学校の見学者は翌年、約500人を超し、3年目には700人台に達した。

一方で、私は校舎建設の突貫工事と資金繰りに忙殺されながら、技能教育施設の認可を取るために理事長として文部省との交渉に当たった。文部省の担当者が10人ほど来校して授業内容を視察。教室の広さや照明の明るさなどを事細かにチェックした。

翌1986年2月、「文部大臣　海部俊樹」の名で正式な指定を受けた。日本初、「企業の外にある技能教育施設」の誕生である。

生徒に誇りと希望を

翌年、突貫工事で進めていた念願の校舎が完成した。横浜市緑区、横浜線十日市場駅から徒歩10分ほどの高台の畑に、七つの教室がある2階建て。まだこぢんまりした校舎だが、正面玄関に取り付けた「文部大臣指定　技能連携校」のプレートが朝日に輝き、とてもまぶしかったことを覚えている。

しかし、グラウンドは草ぼうぼう。生徒全員での草むしりに取り組んだ。宮澤学園の教育は参加型プログラムを特徴の一つにしていた。例えば、みんなで巨大な絵を描き上げる、町に出て共通テーマに添った調査をする。「共感理解教育」のはしりでもあった。草むしりは、絶好の機会だ。ある第1期生は「毎日、少しずつグラウンドらしくなっていくのがうれしかった」と振り返っている。

この校舎建設に関しては、書いておかなければならないことがある。土地を貸してくれたのも、建設資金を提供してくれたのも、一人の地主さんなのである。その方の理解と、損得を超えた協力がなければ宮澤学園は成り立たなかったかもしれない。

思えば、ツルセミの塾舎を建てる時もそうだった。私は節目節目で素晴らしい人たちに出会い、助けられた。その地主さんも、星槎創設に関わる大恩人である。

さて、文部大臣の指定を受けて間もなく、私は次の仕事に取り掛かった。宮澤学園は教育施設としてみなされているだけなので、通学定期券が発行されなかった。それを生徒たちに持たせてやりたかった。常識

皆で草むしりとグラウンド整備に汗を流した

的には無謀だったろう。なぜか。

技能教育施設は法律的には「学校」の定義に入っていない。学校教育法が認める学校は「幼稚園、小・中・高校、中等教育学校、特別支援学校、大学および高等専門学校」で、これらは同法第1条に定められているために「一条校」と呼ばれて学割定期券が発行される。

一方、専修学校や各種学校は「非一条校」で、私的存在とみなされる。宮澤学園はもちろん、「非一条校」である。課税されるし、生徒は通学定期券ではなく、通勤定期券を買わなければならない。

私は生徒に通学定期券を持たせる責任を負っていた。経済的な負担もあるが、生徒に誇りを持たせたかった。数人の生徒が「通勤定期券が恥ずかしい」と言った。子どもたちの喜ぶ顔が見たい、誇りと希望を持たせたい――。

私の考えを周囲に話すと、誰もが「そんな話、聞いたことがない」「無理、むちゃ」と相手にしてくれない。そう言われると、かえって生来の「根拠なき自信」に火がついてしまう。「おれは間違っていない」「誰かがやらなければ」「子どもたちのために」。再び、長い戦いに突き進むことになった。

大蔵省に一蹴されて

宮澤学園高等部の生徒たちに「通勤」ではなく、「通学」定期券を持たせたい——そんな願いをかなえるための道のりは、やはり険しかった。

宮澤学園は技能教育施設であり、学校教育法第1条が定めた「学校」（一条校）ではないことが最大のネックだった。

私たちは法律を学び、さまざまな人たちの知恵を借りた。旧知の税務署長に相談すると、通学定期券＝学割は国鉄（当時）の管轄なので、一つの考え方として、まず大蔵省（現財務省）の了解を得なければ難しいだろうという。私は大蔵省とのパイプを探り、やっと大蔵省の指導官と会う段取りまでこぎつけた。周囲には「指導官に会うだけでも大変なこと」と驚かれた。

１９８６年３月、第１回面談。Ｋ指導官の答えは明快だった。「技能教育施設は学校ではない」。予期していた返答なので、こちらも食い下がる。「でも、私たちの生徒は一条校の科学技術学園高校に在籍する生徒であり、学園は技能実習場」と言い張った。施設やカリキュラムを説明し、普通の高校とほとんど同じです、と力説した。私の狙いは学校教育法の正当な拡大解釈である。

宮澤学園の校舎（アルバムから）

指導官は私の主張を一蹴したが、「君は法律も、世の中のことも分かっていないね」と、穏やかに説教を始めた。私はほとんど反論せず、指導官の言い分に、じっと耳を傾け続けた。相手を刺激しないために、あえてメモは取らず、録音もしなかった。説教には問題解決の本質が多くあり、むしろありがたかった。無視されるのが一番つらい。

昼もとっくに過ぎ、第1回面談は長時間に及び、指導官の全否定に終わった。しかし、私の気分は決して悪くなかった。丁寧な説教の裏に何となく指導官の人間味を感じながらも、問題の本質が見えて来た。

横浜に戻り、税務署の人たちに会って面談の報告をし、新たな考えを述べた。すると、当初、私の考え方に否定的だった彼らの様子に変化が起きた。「よくぞ、指導官と渡り合った」とでも言うべき気持ちが、彼らの〝義侠心《ぎきょうしん》〟のようなものを刺激したのかもしれない。「渡り合った」わけではなく、ひたすら指導官の話に聞き入って突破口を探していただけなのだが。

私は学んだ知識などを大先輩たちに述べ、さらに深く法の解釈の仕方を求めた。「私利私欲ではなく、子どもたちのために」という熱意が通じたのかもしれない。改めて「人を動かすのは知識や理屈ではない。情熱と愛だ」と痛感した。

そして、かつて看護学校の教頭を務めていた私のスタッフが、小さな突破口を見つけた。ある会社に勤めながら、看護資格取得のために養成所に通う生徒には通学定期券が発行されているというのだ。その養成所は技能教育施設の一つであった。この前例の法的根拠を明確にすれば…。

私は多くの人が与えてくれた〝武器〟を携えて、K指導官に第2回面談を申し入れた。

指導官の温情に感激

宮澤学園を非課税団体に認可してもらい、生徒に通勤ではなく通学定期券を持たせたいと願う私と、大蔵省指導官との第2回面談が1986年4月に行われた。

「また、あなたですか」と、ニコニコ顔のK指導官に、私は冒頭で「今日はメモを取らせていただきます」と言った。こちらが、前回より積極的に見えただろう。なぜだめなのか、どこが、どういけないのか、本当に不可能なのか。

私は「できないことを立証するのは難しい」「この世に100％不可能、というものはない」と信じている。〝新幹線の父〟と呼ばれた島秀雄氏が「できないことを立証するのは不可能に近い」と語ったことを私は後に知り、ひざを打ったものだ。

私は指導官に迫った。「宮澤学園は会社ではなく、学校です。非課税にされず、通学定期券が出せない理由を再度、お聞かせください」。指導官は前回のような上から目線ではなく、穏やかだが真剣な表情だった。「前例がない」と言った。「違法じゃないのなら、例をつくればいいじゃないですか」と畳み掛ける。前例を見つけていたので少し自信を持てていた。

攻防は午前中2時間、午後3時間にわたった。議論のなかで、お互いの教育観、学校観を披歴する場面もあった。私は「学校はこうあらなければならないと一律のパターンを押し付けるのではなく、さまざまな個性や特性を持った生徒の側に立つ教育、学校にすべきだ」と持論を展開した。

宮澤学園に通う不登校やコミュニケーションが不得手な子どもたち、新しいことを理解するのに普通の子の数倍の時間がかかる生徒、天才的な暗記力を持つ生徒、一つのことには素晴らしい感性を発揮する子ども――。特性、個性がダイヤモンドのように輝く子どもたちなのだ、と説明した。じっと聞いていた指導官は時折、うなずくようになった。その日の面談は時間切れになったが、私は前回よりぐっと前進した感触を得た。いけるぞ、とさらに勇気を得た。

宮澤祭（体育祭、文化祭）のポスター

小さい頃から、人が喜ぶ顔を見るのが大好きだった。通勤定期券を恥ずかしく思っていた生徒が、通学定期券を手にして喜ぶ顔を見たかった。そのためならどんな難問にぶつかってもつらいとは思わない。

そして、最初の面談で私の願いを全否定した指導官に、ある種の人間味を感じ取っていたことは間違っていなかった。その日のやりとりを反すうするうちに、指導官が遠回しに暗示を与えてくれていたことが分かった。温情に胸が熱くなった。一般に「官僚的」「官僚主義」と批判される世界にも、K指導官のような人がいることを知った。

ここでも、私は正念場で良き理解者を得た。何と恵まれていることだろう。長年、そういう幸運を重ねたことを〝宮澤マジック〟と呼ぶ同僚がいるが、こちらから何かを工作したわけではない。一方的に助けられているばかりである。

涙また涙の通学定期

宮澤学園が非課税団体になれるか、そして生徒たちに通勤ではない通学定期券を持たせることができるか。大蔵省指導官との3回目の面談が1986年5月に行われた。運命の時である。

いつものようにやる気満々で待っていると、現れたK指導官は「喫茶室に行こう」と私を誘った。今までにない展開である。省内の喫茶室に座る。コーヒーが運ばれる。それには口を付けず、私は一気にしゃべり始めた。指導官は苦笑して「分かった、分かった。君の言っていることは理解できるよ」と言った。「エッ?」。「認めるから、まずコーヒーを飲みなさいよ」。「ホ、本当ですか」。指導官は柔らかい表情で「うん。よく調べたね。あなた、根性あるわ」。私は、半信半疑で、ぼうぜんとしていた。

　自室に戻った指導官は「関係部署に連絡するから」と言って私を別室に待たせ、30分ほどして戻って来た。そして淡々と告げた。「明日かあさって、税務署長が黒塗りの車であなたのところに書類を持って行きますよ」。技能連携校が初めて非課税団体に認定されたのである。

宮澤学園・体育祭の模様（アルバムから）

　指導官はさらに運輸省（現国交省）と国鉄（当時）に電話して言った。「通学定期が買えるようになったから、学校に電話してみなさい」。すぐ学校に連絡した。

　学校で吉報を受けた4、5人の生徒が横浜線十日市場駅に飛んで行った。駅員に事情を話して通学定期券の購入を申し込むと、駅長が不在だから隣の中山駅の駅長が来るまで待ってくれという。駆け付けた駅長は笑顔で「良かったね」と言ってくれた。新しい定期券には大きく「学割」の赤いマーク。これも日本初だった。

定期券を宝物のように持って、生徒たちは学校に駆け戻った。携帯電話やスマホがない時代である。待ち受けた先生と生徒たちは涙、涙の握手を交わした。あの時のみんなの気持ちを推し量ると、今でも胸が熱くなる。

その2日後、本当に〝黒塗り〟が学園に乗り付けた。笑顔の税務署長が「おめでとう」と一枚の書類を差し出した。非課税事業に認定。あっけないほど簡略な書類だった。その後、多くの技能教育施設が非課税の申請をしたが、いずれも認められていない。宮澤学園（現・星槎学園）は、現在でも唯一の非課税の技能教育施設である。

通学定期券については社会的な反響が大きかった。数年後、宮澤学園に続き、ほかの技能連携校や通信制サポート校の生徒も通学定期券を買えるようになった。

非課税の認可が下りて数日後、税務署の職員と仲間が、お祝いのパーティーを開いてくれた。さらに3年ほどして、宮澤学園の記事が新聞に連載された。直後に、差出人の名前が「姓」だけのはがきが届いた。K指導官と思われた。「良かったですね。どうぞ立派な学園にしてください」。簡潔だが、真情あふれる文面が、涙でにじんだ。

バイクと逆転の発想

１９８５年に開校した宮澤学園の第1期生は１００人だった。

その後、生徒数は着実に増えて、２、３年後には６００人を超した。当初から学園に対する批判や中傷はあったが、反響は私たちの予想をはるかに上回った。やはり、社会的な必要性があったのだ。私たちがやろうとしていることは間違っていなかったと確信した。

新校舎が完成し、願書を提出する時期には、校舎が立つ坂の上から下まで申込者の長い列ができた。埼玉、静岡、山梨など他県からの志願者もいた。対応しきれず、「一つの学校から一人限り」という枠を設けざるを得なかった。中学の校長から「何とか二人を」と懇願されながら、泣く泣く断ったこともある。「行く学校がない子どもたちのために」つくった学園なのに…無念と申し訳なさがこみ上げた。

不登校や発達障害、学習障害などを持つ生徒たちが多く受験した。試験の前日まで暴走族の〝現役〟だった子も入学してきた。宮澤学園は科学技術学園高校（科技高）の通信制と連携しているので、定期的に科技高の授業が組み込まれているが、それ以外は弾力的に

宮澤学園の二輪車実習

独自のカリキュラムを組むことができた。

最も特徴的なのは、選択授業の多彩さだろう。自動車工学や二輪車の実習、調理、芸術など好きなことを学ばせた。科目によって成績に大きなばらつきがある生徒が多いが、限られた分野に強い興味を示し、あるいは鋭い感性を発揮し、積極的、持続的に学ぼうとする子がいる。それは幼少期の私自身でもあった。興味がある分野の能力を伸ばす。好きなことを見つけられない生徒には、いろいろな提案をして興味を引き出す。それが、彼らの生きる道を見つけることにもつながる。

普通の教室のほかに自動車整備実習場、調理室、美術室などを設けた。なかでも、先に触れたように、自動車整備実習場は日産自動車から譲り受けた正規の施設であり、工場として仕事ができるレベルだった。自動車整備、危険物取り扱い、調理、フォークリフト操縦、溶接など多彩な分野で資格を取得でき、多い生徒で20以上、少なくても14資格は卒業日までに取得した。

暴走族が華やかなこの時代、世間では「3ない運動」が主張されていた。バイクに「乗らない」、バイクを「買わせない」、免許を「取らせない」というものだ。しかし、「だめ」と言われると、やりたくなるのが人間。私は逆転の発想を取った。「乗せる、買わせる、取らせる」ことにして、代わりにかなり厳しい約束事を付けた。

父母から猛反対が出たが、それは想定内。子どもたちに「暴走族に入らない」という誓約書も書かせた。保険会社の人に頼んで、バイク事故の悲惨さを伝える生々しい映像を見せた。警察の協力を得て、白バイ隊員の講義を聴かせた。結果は、大成功。以後10年間、暴走族関係の検挙者はゼロだった。

京都に駆け落ち挙式

ここで一息入れて、私の伴侶を紹介させていただく。妻・幸子《ゆきこ》（旧姓・島崎）は1歳上で、いとこに当たる。鶴ケ峰セミナー（後、ツルセミ）の最初の教室は幼稚園の一室を借りたが、そこは彼女の実家が経営していた。ツルセミ立ち上げの仲間の一人でもある。

幼い頃、彼女が幼稚園のそばにあった松の木に登っている姿を覚えている。確か、数人の〝子分〟を引き連れていたのではなかったか。きょうだいは４人。上３人が女で幸子は三女。小、中学生の頃は穏やかで、おとなしい娘さんという印象だった。いつも落ち着きのない多動性の私と対照的である。お嬢様と、がさつな酒店の息子という点でも対照的だった。

幸子は中学―高校―大学まで玉川学園で学び、大学は工学部。これまた、私の苦手な分野だ。私が全く分からないことを勉強しているとはすごいな、と尊敬の念を抱いた。大学卒業後、彼女は実家の幼稚園を手伝い、通信教育で幼稚園教諭の資格を取った努力家でもある。大学時代に理科、数学、工業など複数の教員免許を取得していた。

年頃になって、何回か見合いをしたらしい。やがて私はツルセミをつくることになり、幸子の力を借りた。私たちは従来の「上から与える」教育ではなく、子どもたちが楽しく共に育つ「共育」という理念で大いに共鳴した。

私は彼女の聡明《そうめい》な魅力に引き込まれて行った。彼女も私の明るさと、何事に対しても一生懸命取り組む姿勢に好意を抱いてくれた。互いに紆余《うよ》曲折はあったが、私は「この人で

箱根で30代の著者と妻・幸子

あれば」と強く思った。しかし、難関が立ちはだかった。彼女の周りが大反対したのだ。

それまでの私は反戦活動にのめり込んで、近所の評判はよろしくない。大学も通信課程中退である。加えて、家業の酒店は相変わらず借金を抱えている。「財産目当て」という陰口も聞こえた。

しかし、私たちの気持ちは少しも揺るがなかった。むしろ、私の持ち前の闘争心に火が付いた。「今に見てろ！」。私たちは駆け落ちした。

行き先の京都に目的があったわけでも、知人がいたわけでもない。何となく、古都に対する憧れがあった。京都・福井の生活は1週間ほど続いただろうか。上京区にある梨木神社で2人だけで〝挙式〟した。何があっても幸子を守る、と決意した。

今後、私のピンチについて書くことになるが、その都度、どれだけ妻に助けられたことか。私を信じ通す芯の強さと忍耐力。私の弱点の的確な指摘と助言。その人物の本質を見抜く洞察力。〝教育界のならず者〟〝人生の暴走族〟などと呼ばれる私との歩みで随分苦労をかけたが、「いろいろあって、ジェットコースターみたいに楽しかった」と言ってくれる〝ゆっこちゃん〟のおかげで、〝やっちゃん〟は今日も元気である。

幼稚園再建への攻防

宮澤学園が開校した1985年には、もう一つ、忘れられない出来事が起きた。現在の幼稚園経営につながる体験と、念願の学校法人創設である。そこには闇金融業者と初めて本格的な交渉をするという怖い場面が待ち受けていた。

知人から、静岡県三島市にある幼稚園の再建を頼まれたのが発端である。幼児教育には以前から関心があったので、私は会社の仲間と現場を視察に行った。定員104人のH幼稚園は閑静な住宅街にあり、隣は公園という素晴らしい環境である。

しかし、門は施錠されて立ち入り禁止。大きな負債を抱えた理事長は行方不明という。この幼稚園に通っていた子ども数人とその母親たちが、不安げに私たちを見ていた。ガラスが割れた窓から手を入れて鍵を開け、中に入った。2時間ほど調べ、このままでも使える状態と分かった。

見守っていた人たちの中に、ユキノちゃんという軽度の知的障害を持つ子とお母さんがいた。H幼稚園の園児は他の幼稚園に移ったが、ユキノちゃんは受け入れてもらえなかったという。「この子は、H幼稚園に行きたくて毎日見に来るんです」とお母さん。ユキノちゃんは私のズボンを引っ張って「幼稚園に行きたい」と訴えた。私はお母さんに「多くの問題が解決すれば、幼稚園の再建は可能かもしれません」と言ったが、「再開します」と約束したように受け取られてしまった。その先に大変な事態が待ち受けているとは知らずに…。

宮澤学園の入学式であいさつする筆者

H理事長のぜいたくざんまいの放漫経営で幼稚園は借金がかさみ、負債は約8億円。借入先には暴力団につながる闇金業者もあった。学校法人の認可は都道府県知事が行うため、静岡県庁の担当課長に会うと、明らかに迷惑顔。「ここまでこじれたら、再建は無理でしょう」と冷淡だ。そこから私たちの「借金返済大作戦」が始まった。

詳細は省くが、債権者集会を開き、業者への支払いを3分の1にまで減らしてもらった。友人の協力もあり必死に集めた現金を詰めたトランクを抱えて町金融業者を回った。彼らの前でちらつかせた現金の威力を、まざまざと見せつけられた。

さて、最大の難敵は闇金業者である。4千万円の元本が4億円に膨れ上がっていた。しかも、幼稚園の実印は、彼らが握っている。それを取り戻さなければ、幼稚園の再開ができない。闇金の事務所は小田原の某所にあった。

大金を持って事務所に向かう私に、1人の屈強な若者がピタリと寄り添っていた。身長180センチ超、体重85キロ、剣道2段。私の高校時代からの大親友、在日コリアン2世のY君である。お父さんがパチンコ店を経営していて、Y君は裏社会に通じていた。「大丈夫、なんとかなる。こっちが金を持っていれば、命は取られねえから。全て俺に任せて宮ちゃんは黙ってろよ、いいな」と言って、彼はその事務所のドアを開けた。

闇金融とY君の大芝居

15人ほどの男たちが待ち構えていた。Y君はまずトランクを開け、彼らに2500万円の現金を見せた。怒声が飛んだ。「ふざけるな！　そんな金じゃ足りねえ！」。しばらく罵声を聞いていたY君はトランクを閉め、足元に置いた。それから延々と両者の駆け引きが続いた。Y君は引いたり、押したり、時にのらりくらりとかわしたり、見事な役者ぶりを発揮した。私にも状況が少しのみ込めて来た。相手は、一枚岩ではない。それぞれに思惑があるようだ。Y君が言った。「こっちは自分の借金じゃないのに、返そうとしてるんだ。金も、こうやって持って来た。もめてるのは、そっちだろう」

頃合いを見計らって、Y君が「本当に実印があるのか、見せてくれ」と仕掛けた。リーダーらしき男が印鑑を持ってきた。私は県庁から渡された書類と照らし合わせ、本物であることを

緊迫の交渉を振り返る筆者

確認してY君に渡した。

Y君はさりげなく、それを自分の脇に置き、足元のトランクを取り出し、勢いよくふたを開けて再び中身を一同に見せつけた。実印はトランクの陰に隠れた。相手の視線が、一斉に札束に吸い寄せられた。その隙にY君は実印を私のポケットに滑り込ませ、すまして言った。「宮ちゃん、さっきからトイレを我慢してるんだろう。行って来いよ」。私はトイレのついでに「たばこを吸わせてくれ」と見張り役に頼んで外に出ると、約束してあった喫茶店に直行した。そこには、張り込みの刑事がいた。

事務所では、Y君の大芝居が繰り広げられていた。何と、Y君は「この金をここまで持って来させたのは俺だ。俺にも分け前をもらう権利がある」と主張した。またまた、ハチの巣をつついたような騒ぎになった。全て演技である。Y君は「分かった、分かった。じゃあ、俺は下りるから、そっちで勝手に分けてくれ」と言った。

と、誰かが「実印がないぞ！」と叫んだ。喫茶店で待つ私のもとに、一人の組員が飛び込んで来て「実印はどうした！？」と問い詰める。私は「知らない」と、とぼけ通した。そばに刑事がいなければ、私はたたきのめされていたかもしれない。

やがてY君が悠然と現れ、「宮ちゃん、帰るぞ」と私を促した。喫茶店の周囲は警察官で固められていた。Y君は「久しぶりに緊張したぜ。でも､面白かったなぁ」と豪快に笑った。

まるで、やくざ映画のような体験だった。

運命の出会いと別れ

私とY君が初めて出会ったのは藤沢商業高校（現・藤沢翔陵高校）の入学式だった。たまたま席が隣り合わせで出席していた私たちの母親同士もそうだった。何か運命的なものを感じたものだ。クラスも同じで2人はすぐに親しくなった。

闇金融業者から守ってくれた当時のY君は身長180センチ超、体重85キロの猛者だったが、高校時代から剣道2段で腕っぷしとけんかが強かった。あまり勉強しないのだが、頭はとても良く、切れる。要領もいい。後に現役で日大の倍率の高い人気学部に進むのだから、見えないところで勉強していたのだろう。そういう男だった。彼は私を「ほかのやつらとは何か違った感性がある」と感じたらしい。

2年の時、Y君が在日コリアン2世だといううわさが流れた。この連載の前半で書いたように、私は幼いころから祖父に「人を差別しない」「皆と仲良くする」ことを教えられ

開園当時のピーターパン幼稚園

ていた。そのため、Y君の出自を知っても「だから、何?」という感じだった。彼の家の表札には日本語の「姓」と漢字一文字の「姓」が並んでいたが、私たちはそこには触れず、友情を深めた。3年の時、先生から「彼は韓国籍だ」と聞いた。

Y君は、時に校則に反することをしていたが、そういう世界に私を引き込もうとはしなかった。「おまえは俺の星だ。必ず何かやる」と口癖のように言い、私を支え、守ってくれた。その後、日大を出て父がやっていたパチンコ店を継ぎ、一方で私の学校設立にもさまざまに尽力してくれた。仕事の裏表はあったが、私に対して人間の裏表はない男だと信頼していた。

Y君の知略と胆力、大芝居で暴力団との対決を乗り切り、ずしりと重かった返済金を大幅に減額することができた。その後も曲折はあったが、つぶれかけた幼稚園は県の担当者が驚くような再建を果たした。

1986年4月、改修工事を終え、名称を「学校法人国際学園・ピーターパン幼稚園」と改めて開園。25人の園児が集まり、その中に笑顔のユキノちゃんがいた。客席の後方に、ひっそり座るY君の姿があった。私が手掛けた他の学校の開校式でも、彼は控えめに座リ、ニコニコ笑っていた。彼は月に2、3回は私の事務所に遊びに来た。

幼稚園が開園して5年後、Y君が事務所にふらりと現れ、「首が痛いんだ」と珍しく弱音を吐き、「宮ちゃんに会いたくて」と言った。10分ほどの会話であった。不吉な予感を抱きながら、私は予定していたサイパン研修に生徒とともに飛び立った。

その2日後、現地に悲報が届いた。頸椎《けいつい》に悪性の腫瘍ができ、手術も不可能だったのだ。友というより、運命共同体だったY君。体が震え、信じられなかった。彼の死を乗り越えるのに、私はどれくらいの歳月を要しただろうか。

今も日常的に彼を思い出す。「分かった、宮ちゃん。俺に任せろ」。頼もしい声がよみがえる。

「99・9%」現実知る

どの世界でも新しいことをやろうとすると、既成勢力の反発をくう。私のようにズケズケ物を言う〝戦闘的夢想家〟には特に風当たりが強い。

私が非難される理由は主に「過去に有罪判決を受けている」「1度、会社をつぶした人間」の2点である。まず「有罪」の事情を振り返りたい。

1999年、私は大阪府警に逮捕された。容疑は有印私文書偽造・同行使。95年に行われたアマチュア無線技士の国家試験で、上級の資格を持つ私の友人が、多忙を極めて受験できずにいた私に内緒で、自分の顔写真を私の受験票に貼り、替え玉受験した。「宮澤に2級資格の誕生日プレゼントをしよう」と計画したのだった。友人の思いの強さを知った私は「謀議」を認め、大阪地裁で執行猶予付き有罪判決を受けた。

それが「有罪」の概要だが、実は警察が狙う本丸は「スパイ容疑」だった。拘留中90%は、その取り調べだった。それまでに私は無線を通じて多くの国の人たちと交信し、それらの国を訪れていた。北朝鮮も、その一つだ。北朝鮮には小学校の時に帰国した親しい友達がたくさんいるはずだった。彼らの消息が気になっていた。赤十字を通じて訪朝を打診すると、しばらくして北朝鮮から災害支援と無線に関わる件で招待状が来た。拉致問題が表面化する前の95年頃である。

大阪府警の担当は外事課の刑事が中心だった。北朝鮮には行ったが、スパイ行為など一切していない。しかし、警察・検察とすれば、逮捕したからには、何らかの形で有罪にしなければならない。検察官と私の関係は悪く、言い合いもしばしば。「おまえは気に入らない。最高の罪にしてやるからな」が、彼の最後の言葉だった。後々、この検察官グループの問題が発覚し、処分を受けたらしい。容疑は〝替え玉受験〟に切り替えられた。その取り調べ担当官とは理解し合うことができ、今でも親友である。

この体験を通して多くを学んだ。強引な見込み捜査と取り調べ、警察と検察の裏側、事実と違うことがまかり通る世界があった。

その結果が「有罪率99・9％」という数字に現れている。刑事事件で起訴されると裁判で有罪になる確率は99・

司法の在り方に疑問を投げかける筆者

9%という。「99・9―刑事専門弁護士」というテレビドラマが話題になったが、検察が主導する司法は大いに疑問である。

私は有罪判決を意に介していない。私は他人の評価より、自分が何を求めて行動しているか、その本質が大事だと思っている。私にとってそれは、どんな子どもにも必要とされる居場所をつくり、人を信頼し、感謝することの大切さを共有できる環境づくりである。

学校では先生方が涙で迎えてくれた。あるお母さんの言葉が胸に染みた。「それまで受け入れてもらえなかった子どもを育てる環境をつくり、やり続けている人を私は信じています」

最大のピンチがきた

これから書く出来事は、私の半生における最大のピンチである。

1982年、株式会社エスクエラ設立。85年、宮澤学園開校。87年、学校法人国際学園・ピーターパン幼稚園開園。87年、同法人・横浜国際福祉専門学校開校―。確かに急成長だったと思う。そこに隙ができた。

財務に明るいKという人物を紹介されて、エスクエラに招いた。数人の元部下を引き連れて乗り込んで来た彼は、さすがと思わせる手腕を発揮した。「実務的なことは私に任せて、宮澤さんは学校づくりに専念してください」と言われ、心強く思った。Ｋの策略とは知らずに。

細かい経緯は省くが、世はバブル時代の終末期。小さな健康ランドを造ろうとした。温泉とスポーツジムを合わせた、当時としては斬新なアイデアである。Ｋは「具体的なことは私に任せて」と胸を張った。

私がなぜそんなことを思いついたかというと、かねて宮澤学園の生徒の経済的負担が気になっていたからだ。宮澤学園は非課税団体だが、学校法人ではないので私学助成金を受けられず、普通の高校と比べて授業料が高めになる。健康ランドがうまく行けば、その利益を学園経営に回せる。生徒の授業料負担を軽くし、新校舎も建てられるだろう――。

健康ランドが私の想定をはるかに超える規模になっていると知ったのは、工事に着工してからだった。新横浜駅前の９階建てビルで、床面積は当初予定の10倍ほどに膨れ上がっていた。中止を命じたが、もはや手遅れ。１９８９年12月、健康レジャーセンター「ＳＯＬ新横浜」が華々しくオープンした。総工費25億円。

やがて、あることに気がついた。「ＳＯＬ」の会員が増えているのに、収益が上がらない。

宮澤学園開校レセプションであいさつする筆者

Kが「学校の資金を回してくれないか」と頼みに来るようになった。「2号店を造れば資金がうまく回る」とも言った。何かを疑うべきだったかもしれないが、その時もまだ人を信じることに違和感がなかった。

彼らは会員の入金用に別の銀行口座を作ってそこに入金させ、株式投資して利ざやを自分たちで使っていたのだ。すでに魔のブラックマンデーの影響で、株は大暴落した。エスクエラは借金まみれで、ほとんど倒産状態に陥っていた。

後で分かったことだが、Kは当初から会社の乗っ取りを図っていたのだ。経理は三重帳簿という手の込んだものだった。彼は行方をくらました。

91年、株式会社エスクエラ倒産。新聞には「負債総額45億円」と報じられた。「SOL新横浜」は閉鎖された。たまたま事業ごとに分社化しておいたために、塾と学校関係はギリギリのタイミングで連鎖倒産を免れた。もちろん、会員には大変申し訳ないことをしたと思っている。

膨大な借金の返済、債権者集会での罵声、身辺に迫る不穏な空気、暴力団員による拉致監禁…。かつてない危機が襲ってきた。

怒号罵声と人の情け

日々の支払いが困難になる中で宮澤学園が生き延びるには、後期授業料が納入されるまでの期間をつなぐ緊急融資に頼るしかない。銀行に再建計画を提出したが、ほとんどは冷淡で、唯一、ある銀行がぎりぎりのタイミングで融資を決めてくれた。

不穏な雰囲気を漂わせた男たちが学校にやって来た。当時、私は旭区鶴ケ峰に建てた2部屋の小さな一軒家に住んでいたが、そこに債権者が押し掛けようとしていた。妻は静岡県三島市のピーターパン幼稚園にいるので、ひとまず安心だ。私は約3カ月間、知人の家や学校職員が借りてくれたアパートなどを転々とした。暴力団員に拉致され、小刀を頬に当てられたこともある。その間、各方面や弁護士らと対策を練った。ある日、学校職員が「わずかですが」と生活費を届けてくれた。自動販売機の売上手数料を工面したという。

倒産から3カ月後、ヤマ場の債権者集会が開かれた。前日まで「学園の子どもたちを守り切れるか」と不安で胸が押しつぶされそうになっていた。会場は怒号と罵声で膨れ上がった。「学校の資金を返済に充てろ！」。私は深く頭を下げ、再建を誓った。5回以上開かれた債権者集会の後、長い裁判闘争に入った。

私は鶴ケ峰の家を売って、二宮の高台にある小屋にこもった。以前、無線基地を造るために広大なミカン畑の一角、約3千坪を借りていたのだ。小屋の周囲には海外からの電波をキャッチするための大きなアンテナが立っている。私の窮状を知った地主さんが2階建てのプレハブの家を建ててくれた。ここでもまた、無私のご厚意である。トイレと風呂が完成して妻を呼び寄せた。

朝は、鳥のさえずりで目を覚ます。地主さんの畑にはいろいろな野菜が植えられていて、いつも新鮮な野菜を頂いた。リスやウサギ、タヌキ、ハクビシン、キジなどと友達になった。妻と私は生気を取り戻し、これまでの自分を見つめ直した。

会社が成長を続けるなかで、性急にことを運び過ぎたのではないか。学校経営を助けるために、健康ランドが生み出す〝日銭〟に目が行ってしまったのでは。勢いに流されてKの計画を精査する余裕と力がなかった—。全ては自分の責任である。自己責任は自己完結

四方に無線用のアンテナが立つ現在の〝二宮基地〟

させなければならない。

それでも学校の職員はほとんど辞めなかった。離れていった人も少しはいたが、本当に申し訳ないと思った。辞めていく職員に不満はなかった。

一方で人の心の豊かさに触れた。学校に出入りしていた多くの業者の理解と協力があり、支払いを待ってくれたりした。私を励ますために、先生たちがしゃぶしゃぶをごちそうしてくれた。あのおいしさは忘れられない。

私と妻は二宮の掘っ立て小屋で16年間を過ごした。

「一条校」をつくろう

倒産とそれに続く混乱のなかで、さまざまな体験をした。そこで強く思ったのは「つらいことはたくさんあるが、それを抱えたままでは前に進めない」ということだ。私は自分が借りたお金は、時間がかかったが約束通り返し、必要とされる学校をつくることを改めて決意した。それは初心に帰ることでもあった。

私は宮澤学園に、発達障害や不登校の子どもたちも安心して通える校舎を造ることにした。

まず1993年、宮澤学園の近くのビル1棟を借りて「宮澤学園高等部昴《すばる》校」を開校。不登校と、集団になじめない子どもたちを対象にした。95年には青葉区に「宮澤学園高等部青葉校」を開校。発達障害と軽度の社会性のある知的障害を持つ子どもを受け入れた。日本で初めて高等学校に学習障害（ＬＤ）に対応したプログラムを導入して注目を集めた。昴校も青葉校も、正式には科学技術学園高校（科技高）と連携する技能教育施設である。

そこへ問題が持ち上がった。長年連携してきた科技高が「学習障害などの子は科技高の生徒として受け入れ難い」と言ってきたのだ。全くの無理解だった。最初に連携の契機をつくってくれた科技高のＩ校長についてはすでに書いたが、それから同校校長、理事長は数人交代していた。

「青葉校にいる発達障害の子や、軽度の知的障害者は科技高の生徒ではない」とまで言う相手に怒りを覚えながら、来るものが来たという思いもあった。前にも説明した通り、宮澤学園は技能連携校なので、高校卒の資格は通信制を設けている「一条校」（学校教育法第1条に定められた学校、ここで言えば科技高）にも在籍し、授業料を納めなければならない。生徒にとっての母校は宮澤学園であるにもかかわらず、社会的に通用する高卒証書は科技高のものだった。それが、かねて心苦しかった。

宮澤学園高等部昴校。現在は青葉校と統合して星槎学園中高等部北斗校になっている

こうなったら、私たちの手で「一条校」をつくるしかない。私は全教職員約70人を集めて決起集会を開いた。「新しい通信制の高校をつくって、宮澤学園の子どもたちを守ろう！」。一部の人は「会社をつぶした人間が、またぞろ…」と冷や

やかな反応を見せた。

しかし、今、行動を起こさなければと、少人数のプロジェクトチームを立ち上げ、調査に乗り出した。まず、通信制高校の本校を建てる土地探しである。地元・神奈川はもちろん、千葉、茨城、群馬、静岡、栃木、福島など全国15カ所以上の地域を視察した。

そこで、私たちは壁に突き当たった。「変な子どもたちの学校は困る」という反応に出くわしたのだ。行政が誘致に前向きでも、住民が反対する。あるいは、その逆。いくら「学習障害は病気ではありません。特性なんです」と説明しても、なかなか理解を得られない。視察と交渉は、数カ月に及んだ。私が「もうだめか」と諦めかけた時、はるか北の大地から思わぬ手紙が届いた。

芦別市の星空に感嘆

不登校や発達障害の生徒に特化した新しい通信制高校をつくる――。その本校を建てる土地探しに行き詰まっていた1995年秋、北海道芦別市役所から一通の手紙が舞い込んだ。

正確に言うと、静岡県三島市のピーターパン幼稚園にその手紙が届き、ファクスで転送されてきたのだ。当時、ピーターパン幼稚園は、学校法人国際学園の本部になっていた。

林政志市長（左）と話し込む筆者

手紙の文面は「当市では学校を誘致しております。興味のある方はご連絡ください」。奇跡が起きたのか。すぐに電話した。「まず私どもが横浜に伺います」という運びになり、同年12月半ば、芦別市の総務部長と係長が来浜した。2人は宮澤学園を視察し、学校と芦別市の共存共栄のイメージを語った。

芦別市は北海道の中央に位置している。かつては炭鉱で栄えたが、92年に閉山してから人口流出が続いているという。学校誘致は町の再生をかけたプランだった。

私たちも急ぎ、現地を見なければならない。あえて、環境が最も厳しい季節を選び、翌年2月、私と2人のスタッフは芦別市に向かった。羽田から飛行機で札幌、そこから列車で滝川、さらに車で芦別へ。銀世界の空気が痛く感じられた。

芦別市の林政志市長（当時）との初対面。先方はきちっとしたスーツ姿だが、私はジーパンにカーキ色の米軍ジャンパー、肩からずだ袋を提げて、といういでたちである。市長は私が〝お付きの人〟と思ったらしい。名刺交換は、私が最後だった。こちらは「人を見かけで判断しない、従来の学校と違う学校を目指しています」というメッセージを込めたつもりだった。

私は1時間半ほど自身の教育観と学校論を熱弁した。市長は私たちにさまざまな質問を投げかけ、強い関心を示した。「興味深い学校ですね。これから必要になるでしょう」と言った。

その夜、地元の有力者を交えた懇親会が開かれた。見上げれば降るような星空。「この素晴らしい星空を子どもたちに見せたい」「雪のきれいさで感嘆させたい」と心から思った。

宴会の後、私たち3人は居酒屋に流れた。雪が舞う人通りの絶えた街の、どこからこんなに人が現れたのかと驚くほど、店は込んでいた。当然、私たちは目につく。どこから来たの？　何しに？の質問に丁寧に答えた。どんな学校？と聞かれて、私は「いろいろな障害を持っている子どもが中心です。得意なことと不得意なことがものすごくはっきりしている子とか、人とうまく付き合えない子とか」と説明した。聞いていた人から「若い子が増えるのは、いいこと」「障害があっても皆同じ人間、仲間だ」などの声が出た。店を出る時は「頑張って」「待ってますよ」の声で送り出された。

「よし、ここでやって行こう」。私たちは体も心も温かくなって、再び美しい星空を見上げた。

針で鉄板に穴空ける

不登校や学習障害（ＬＤ）などを抱える子どもたちのための新しい高校をつくる計画。その本校を建てる土地探しに行き詰まった時、北海道芦別市が誘致の手を挙げてくれた。現地を視察した私とスタッフ２人は美しい星空、広大な農場、豊かな収穫、おいしい食材などに魅せられ、ここに学校をつくろうと決意した。

芦別市の林政志市長（当時）も積極的になってきた。私が特に力説したのはＬＤについてである。その理解が得られるかどうかが、勝負の分かれ目と思っていた。幸いにも、市長はすぐにその勉強にとりかかった。

高校設置計画承認の調印式。左から筆者、林政志・芦別市長、
学校法人国際学園の佐々木卓本部長

私たちは1996年3月と4月にも現地に入り、さまざまな調査をした。ところが、芦別市からは正式な誘致決定の知らせがなかなか来ない。実は私たちに先んじて応募した有力候補があったのである。それは仙台市にある音楽学校だった。

市議会も音楽学校支持派が大半を占めていた。一度に二つの学校を誘致することはできない。市長は苦悩の決断を迫られた。そして熟考の末に「宮澤さんの情熱に懸ける。この学校に懸ける」と言ってくれた。市長と総務部長らは懸命に議員を説得し、ついに押し切った。その後、市長は自ら音楽学校に赴き、深く陳謝したという。

96年夏、芦別市の誘致が正式に決まった。

芦別がだめなら、もう後がないと思っていた。いろいろな状況を勘案すると、これより1、2年早くても、1、2年遅れても、おそらく計画は実現しなかっただろう。絶妙のタイミングだった。

さて、次の関門は北海道議会である。学校の設置には、知事の認可が必要だ。私は芦別市の担当者に同行して、何度も北海道の担当課長に面会したが、発達障害やＬＤへの理解がなかなか得られない。

一つの手段として、札幌で発達障害やＬＤに関するシンポジウムを開くことにした。もし、参加者が極端に少なかったら、高校設立の機運が遠ざかる。当日、父母や教師ら３００人以上が参加した。社会的ニーズがあったのだ。シンポジウムは数回行われ、北海道の担当課長も「目を見開かされた」と好意を見せた。

ところが、その課長が97年４月に異動して事態が急変。新任課長に「認可はしない」と言明された。さまざまな政治的な思惑も働いたのだろうが、私たちは八方ふさがりになった。芦別市長は、ガックリ肩を落とした。私は「絶対に諦めるな。必ず道は開ける」と皆を鼓舞した。後に、ある関係者が「一本の針で鉄板に穴を開けるような気迫だった」と話したそうだ。

そこへ、思わぬ〝援軍〟が現れた。私とは縁もゆかりもない、ある政党の議員が議会で「発達障害や学習障害の子どもたちを支援する高校の設立に反対するのは、いかなる理由があってのことか」という趣旨の質問をした。

それを機に、議会の空気が変わった。

校名「星槎」が初登場

不登校や発達障害を持つ生徒を支援する高校を北海道芦別市につくる計画――。最後の関門は知事の諮問機関、私立学校審議会だった。

そこでもなかなか理解を得られず、反対の空気が支配的だった。新たに学校ができるとなると、従来からある学校の反発も出てくる。北海道の私立学校設立に関する委員は十数人おり、私たちは委員一人一人に、発達障害などについて説明し、通信制なので全日制高校とは競合しないことなどを訴えた。

申請が認可されてから正式認可が出るまで、およそ3カ月。1999年3月8日、審議会が決定を下す日が来た。私と芦別市の林政志市長（当時）らは市長の部屋で待機していた。ジリジリする時間が流れるうちに、北海道庁学事課から電話が入った。市長が受話器

を取り、「そうか！」となった。表情に安堵（あんど）の色が広がった。歓声が部屋に満ちた。

翌日から開校まで、息つく間もないほどの忙しさに追われた。何しろ、生徒募集の期間が2週間ほどしかない。芦別市役所職員が総出で各地の教育委員会や中学校を回って、生徒募集に奔走した。

同年4月、学校法人国際学園が運営する念願の「一条校」、つまり学校教育法第1条に定められた高等学校が開校した。校舎は廃校になった芦別市立頼城中学校を利用、木造の体育館もある。芦別市は校舎を修理し、無償で貸与してくれた。

さて、校名をどうするか。林政志・芦別市長（当時）は、かねて「校名には『星』を付けてほしい」と話していた。私とスタッフが初めて芦別市を訪れた時、星空の美しさに息をのんだことは先に書いた。市長の意向に、すぐ同意した。どんな校名にしようかと全国の高校を調べると「星」がつくものは意外に多い。

図書館で調べているうちに、私は子どもの頃に読んだ中国の故事を思い出した。広い世界を見ようとした少年が、いかだに乗って天空を駆けるという話である。いかだは本来、さまざまな太さや長さの木を組み合わせて作る。その〝ふぞろい〟は、多彩な個性や特性

星槎国際高等学校の開校記念式

を持つ子どもたちが集う学び舎の名前にふさわしい。星のいかだ、「星槎（せいさ）」。校名に「星槎」を付けよう――。ここに「星槎」の文字が初めて登場する。申請書は「星槎国際高等学校」として提出した。

入学したのは十数人だが、募集期間が短かったことを考えると「日本で初めての学習障害生徒も指導できる学校」の手応えは十分あった。入学者の中には、釧路から3時間近くかけて登校する生徒がいた。いじめに遭っていた子、発達障害の子、不登校生もやって来た。

盛大な開校式で、林市長は「福祉と教育が合体した町にしたい」とあいさつした。今に続く、星槎と芦別の交流のスタートでもあった。

「学習センター」方式

1999年4月、星槎国際高等学校が北海道芦別市に誕生した。特徴は不登校や発達障害などの困難を抱える子どもたちの支援を主たる目的に据えたことと、日本初の「学習センター方式」を採用した点にある。

星槎国際高校は通信制である。通信教育の高校にはその学校がある都道府県の区域内の生徒に限定したものと、全国から生徒を募集する広域通信制がある。星槎国際高校は後者だ。

通常、広域通信制高校は全国各地に「協力校」をつくり、本校と連係して授業を行う。「協力校」は公・私立高校を問わないが、そこで定期的にスクーリングを開き、テストをして生徒は単位を取得する。

しかし、私は従来の「協力校」方式は星槎には合わないと思った。不登校や発達障害の子どもに何よりも求められるのは、安心して仲間づくりができる「居場所」である。毎日でも通学できる「場所」が必要なのだ。

考え付いたのが「学習センター方式」だった。

各地に学習センターを置いて星槎国際高校の「分校」とし、全日制と変わらない通学ができるようにする。スクーリングも学習センターで行う。「協力校」に頼らず、全て自前で完結する方式だ。

「センター」といっても「分校」＝「学校」だから、それに準じる建物がなければならない。通学路の風俗的な環境に始まって、建物の面積、廊下の幅、窓の大きさ、教室の照度、トイレの数など設置基準が事細かに定められている。それをクリアして、日本初の学習センターは始動した。星槎国際高校の開校と同時に開いた学習センターは札幌、横浜、大阪、福井の4カ所。（2024年時点で全国16都道府県、28カ所）

この方式について、私たちは47都道府県全ての

星槎国際高校のスクーリングの１コマ

教育委員会と学事課を通して設置の許可を得た。「うちの県には学習障害の子なんていません」などと無理解な教育関係者が多く、反発する県もあったが、「発達障害や学習障害は病気ではなく、特性です。訓練が薬なんです。〝普通とちょっと違う〟要素は多かれ少なかれ、誰もが持っているんです」と説いた。都道府県全てに学習センター設置の許可を受けている広域通信制高校は現在も、星槎国際高校だけである。

星槎と芦別市の交流は年々深まっていった。スクーリングや合宿などで芦別市を訪れる生徒や先生、研究者らは多い時で年間約3千人。

四季折々、北海道の豊かな自然を満喫し、広大な畑で農作業に汗を流し、収穫した野菜を皆で料理して食べる。牧場で羊の世話をし、バター工場や木工場で実習する。多彩な講演会やシンポジウム、イベントに町の人たちを巻き込み、交流を深める。

そういう環境の中で困難を抱えた子どもが少しずつ笑顔を取り戻し、心を開いてゆく姿を見ていると、それまでの苦労は吹き飛んでしまうのだ。

北の大地に星槎大学

日本で発達障害が〝認知〟され、社会的に定義され、支援体制が取られるようになったのは、ここ15年ほどのことである。発達障害という言葉がまだ知られず、米国でも研究が緒に就いたばかりだった四十数年前から、私たちはツルセミで「普通の子と何かが違う」生徒との向き合い方を模索してきた。

発達障害などの困難を抱えた子どもたちの理解者を増やさなければならない。その子どもたちを指導する先生が足りない。特別支援教育の指導者育成は急務だ。２００２年、グループの名称を「宮澤グループ」から「星槎グループ」に変更。私は以前から抱いていた大学創立構想の具体化に向けて本格的に動き出した。

子どもたちを理解して教育現場に立てる大人を育てるためには、その人自身が楽しく、有意義な学びをしなければならない。専門的に分断された従来の閉鎖的な大学では、その機能を果たせない。自由で開放的な新しい理念に基づく高等教育機関が必要だ。

04年、北海道芦別市の星槎国際高校に隣接して、星槎大学が開学した。

本学は廃校になった芦別市立頼《らい》城《じょう》小学校を改築した。れんが造りの風格ある校舎は国の登録有形文化財に指定されている。特に１００メートル以上ある直線の廊下は見もので

開学当初の星槎大学

ある。

設計は幼なじみの一級建築士〝正ちゃん〟こと堤正一君。小学生の私に初めてアマチュア無線を教えてくれた優秀な同級生である。彼はその廊下を巧みに残して、使いやすい学び舎を設計してくれた。集中スクーリングの時期になると、全国から多くの学生が集まり、この廊下に感嘆の声を上げる。

星槎大学は通信制の単科大学（共生科学部）である。世代、性別、人種、国籍、障害の有無を超えて、誰でも、いつでも、どこでも学べる。その構想は、私が慶応大学の通信教育課程に学んだことがベースになっている。

通信制だから通学・登校しなくてもよいのだが、私はせっかく大学に入ったのだから、時間がある時は普通の授業を受けたいと思った。教授の了承を得て興味のある講義を聴き回り、ゼミにも参加、3年半ほどで中退するまでに100単位を取得した。卒業に必要な単位はあとわずかだったが、ツルセミが多忙さを増して、大学に行く時間がなくなった。この体験が星槎大学に生き、さらに通信・通学融合型大学の構想につながる。

学びたい人、学ぶことを再開したい人など全ての人に高等教育を与えるために、星槎大学の入試は筆記や面接試験がない。在籍期間の制限もなく、1科目でも履修できる。発達障害などの問題に対しては、主として現職の教員や保護者を対象にした専門的なプログラムを用意した。

星槎大学創立と同時に、全国から問い合わせ、申し込みが殺到した。私は〝待ち望まれていた大学〟という実感を得た。

学生数伸び率日本一

２００４年４月、通信制の星槎大学が開学した。本学は北海道芦別市、星槎国際高等学校に隣接している。「共生科学部」１学部の単科大学で、とりわけ発達障害や不登校生と向き合うことが真剣にできる指導者の育成に力を入れた。

星槎大学の開学記念式典であいさつする筆者

全国から問い合わせが殺到、初年度は３千件以上に上った。「こういう学校を探していた」「学びたい科目がそろっている」という声が多かった。「誰でも、いつでも、どこでも学べる」学校が、いかに望まれていたかを痛感した。星槎大学は特別支援教育と生涯学習の〝先鋒《せんぽう》〟を自負している。

第１期生は約３５００人。年齢は10代から80代、居住地も仕事もさまざまである。最も多いのは千人を超える現職の小・中学校の先生だった。発達障害などを持つ子どもたちにどのように接し、指導すればいいのか、日々、苦闘している先生がたどり着いたのが「名称の読み方が分からない大学」（ある学生の言葉）だったという。保護者が100人以上というのは、予想外だった。学生数の伸び率は開学から2年連続日本一だった。

開学当初は一般教養のほかに四つの領域の専門科目を置いた。(1)教育=特別支援教育、発達障害、不登校ほか (2) 福祉=社会福祉、介護、児童福祉、ソーシャルワークほか (3) 環境=循環型社会、京都議定書、生物多様性保全、資源枯渇ほか (4) 国際関係=安全保障、グローバル経済、戦争、国際法ほか。

これらの科目は従来、教育学部や社会学部、環境学部、国際関係学部などに分けられていた。しかし、地球規模で環境を考えれば必ず国際関係に突き当たり、ひいては安全保障の問題が立ちはだかる。これまでの学問領域を超えた多角的な学びを、というのは時代の趨勢《すうせい》だった。

カリキュラムにインターンシップやボランティアなど社会参加型の科目を多く置いた点も、星槎大学の特徴と言えよう。ボルネオのジャングルで少数民族と暮らし、環境保全の最前線を体験する科目も設けた。

実は文科省との交渉の過程で、この「科目の多さ」が指摘された。「まるでカルチャースクールじゃないか。こんなのは大学として認められない」。

私たちはそれまでに、さまざまな場で、さまざまな関門を突破してきた。ダメと言われても「やろうとしていることは間違っていない」「社会的ニーズがある」と信じているから、決して諦めない。例によって膨大な資料を作成し、その分厚い資料を机上に山積みして説得、ついに認可を取り付けた。

集中スクーリングの時期になると、全国各地から多くの学徒が芦別に集まる。その数、年間で約1600人。そこが、仲間や教員との出会いの場になる。星槎グループの理念である「関わり合い学校」の実践場だ。豊かな自然とおいしい食べ物、楽しい語らい。ある〝お母さん学生〟は、映画を学割で見た体験をうれしそうに披露した。

金の援軍は来ないが

「子どもたちが学ぶ環境を整えるのが大人の、国家や社会の責任だ」というのが私の考えだ。憲法26条には「国民は、法律の定めるところにより、その能力に応じて、ひとしく教育を受ける権利を有する」とある。教育基本法も、しかり。教育は大人の都合に合わせるものであってはならず、個性や特性が異なる生徒を一律に学習指導要領の基準にはめ込むのは間違っている。

生徒を中心に置く学校づくりを考え続けてきた私にとって、大きなチャンスがやってきた。国の構造改革政策による特別区域（特区）、教育面でいえば「教育特区」の設置である。特区の適用を受けた学校の大きな特徴は、教育内容を学習指導要領の基準によらず、学校独自の裁量で弾力的に決められることだ。やっと時代が追い付いてきた、と言っていいかもしれない。

私は2005年、横浜市緑区十日市場町に国の教育特区の認定を受けた一条校（学校教育法第1条に定められた学校）、星槎中学校を開校した。義務教育である中学校で「教育上、特別な配慮が必要とされる生徒」を受け入れる特区として国が認定した例は全国初だった。星槎中学が認定された教育特区の名称は「不登校等生徒支援教育特区」である。

認定の手順を要約すれば、当時は横浜市が国に教育特区の認定申請を行い、それが認められると、今度は設置者（学校法人・国際学園）が設置計画書を神奈川県に提出する。文部科学大臣から星槎中学に交付された「指定書」は同7月6日付で、文面は「不登校児童生徒等を対象とする特別の教育課程を編成して教育を実施する指定要綱に基づき指定校に指定します」とある。

そこでどんな教育を実施したか説明する前に、申請過程での人間関係について触れたい。

前例踏襲がお好きなお役所にとって、全国初の試みなど迷惑千万だろう。これまで役所相手に嫌というほど味わった苦労を覚悟していた。

ところが、幸いにも教育特区を担当した横浜市の課長は文科省からの出向で、私たちの提案を「面白いじゃないか」と受け取ってくれた。その課長の理解を得て、ことは予想より順調に運んだ。

とはいえ、それまでに私たちは周到な準備を重ね、詳細なデータを積み上げてきた。実はそれらを駆使した役所との事前協議の過程が最も大変で、基本的な理解を得られれば、そこから先は課長と私は、もはや〝同志〟である。

本庁からの出向期間は長くない。当課長が在任中だったからこそ、私たちの計画は市に受け入れられ、国の指定に結び付いた。構造改革という「時」と「人」を得て、絶妙のタイミングだった。

私は同僚に、よくこんなことを言う。

「俺には金の援軍は来ないけど、ありがたいことに、人の援軍は来るんだよなぁ」

現在の星槎中学に通う生徒たち

教育特区で中高一貫

この教育特区の正式な名称は「不登校等生徒支援教育特区」という。当時、横浜市では不登校児童生徒の割合が全国平均を上回っており、横浜市、神奈川県と協力した成果であった。

不登校は結果であって、背景には発達障害や学習障害、他人とのコミュニケーションが困難などさまざまな理由がある。人混みにいることが苦しくて昼間は登校できない生徒もいる。

星槎中学では一人一人にきめ細かい指導をするために個別指導計画（ＩＥＰ）を作成し、習熟度に応じてクラスを編成した。特に効果的だったのが生徒個別の手作りワークシートで、ツルセミ時代からの蓄積が生きた。教科書も使うが、主役は先生が作る副読本やプリント。何より、楽しく学ぶことを重視した。学びが苦痛になってはならない。

座学以上にフィールドワークなどの体験授業に力を入れた。キャンプ、スキー、ボランティア活動など多彩な体験を通して〝生きた力〟を身に付けることを目指した。社会性を育てるためのソーシャルスキル・トレーニング（ＳＳＴ）は必修科目で、ロールプレイやゲームなどを通して周囲との関係性、役割、規範、協調性などを学ぶ。そして、一人一人の意欲を引き出し、自信を持たせる。

星槎中学開校の反響は大きかった。開校以後の1年間で、全国から２００人を超す学校関係者や役所の教育担当者の見学者が訪れた。

２００６年には、やはり教育特区の指定を受けた全日制の星槎高等学校を星槎中学校の近くに開校。中・高一貫、6年をかけて困難を背負う生徒を支え、指導する環境がやっと整った。

星槎中・高校は「困難な場面において相手を思い、笑顔と勇気をもって立ち向かう強い力を育てる」ことを教育目標に掲げている。その重点に「心の耕作」「科学する頭」「健康な身体と不屈の意志」「基本的な生活習慣と社会性」「コミュニケーション能力」の育成を置いている。

振り返れば、発達障害や学習障害という言葉がまだ知られていない時代にツルセミを立ち上げた私と仲間たちは「普通とちょっと違う」子どもたちや不登校にどう向き合えばいいかを模索してきた。

それは、とりもなおさず、既成の教育界への疑問とアンチになった。星槎中学・高校は私が考える学びの場の、一つの到達点でもあった。しかし、私たちはそこで満足せず、より良い教育環境づくりを続けている。

私たちは居場所のない子や困難を背負った児童生徒らを受け入れ、支援し、社会に送り出してきた。子どもたちに必要な学校は、つまり社会に必要な学校である。

その信念があるから、そして子どもたちの笑顔が見たいから、どんな苦労もつらいとは

現在の星槎高校で学ぶ生徒たち

思わない。

学校を核にした町を

かねて、星槎グループの本拠地をつくろうと思っていた。幼稚園から大学まで星槎グループが運営する教育機関は今や全国に広がり、そこに集う若者たちは約3万人に上る。私が理事長を務める公益財団法人・世界こども財団を加えると、グループ全体の活動は世界規模に膨らむ。それらを一元的に統括する〝総本山〟が必要だ。

いろいろな候補地を視察して、行きついたのが大磯だった。JR大磯駅から車で15分ほど、林道を抜けた先の緑地「万台こゆるぎの里」の一角、約3万2千坪に星槎グループの本部、星槎湘南大磯キャンパスがある。豊かな自然と新鮮な空気に包まれた高台からは相模湾と遠く大島を望み、目を転じれば間近に富士山を見る。私の執務室もここにあり、入り口のプレートは「会長室」ではなく「談話室」とした。

かつて、ここにはカトリック教会の修道院が立っていた。その閉鎖後は大手証券会社の研修所として使われていたが、それも閉鎖。20年ほど前に私たちが偶然、見つけた時はまるで〝幽霊屋敷〟だったことを思い出す。約4年に及ぶ証券会社との交渉、続く役所や地元住民との紆余《うよ》曲折を経て、2009年、星槎グループで整備を開始した。

現在、湘南大磯キャンパスには研修施設と星槎国際高等学校湘南学習センターがあり、日本サッカー協会公認の人工芝のサッカーグラウンドを整備、またテニスコートを再利用して野球部の練習場にした。12年、地域に密着した星槎湘南大磯総合型スポーツクラブを創立。グラウンドゴルフや体操、ヨガなどを通して地域住民の健康増進と社会貢献活動に寄与している。このスポーツクラブのキャプテンは、日本初のプロサッカー選手として知られる奥寺康彦氏。氏は星槎グループの一つ、奥寺スポーツアカデミーの校長でもある。

広大なキャンパスの整備は緒に就いたばかりで、まだ全敷地の20%ほどしか使用していないのが現状だ。私は、そこに壮大な夢を描いている。

将来的に、キャンパスは五つのゾーンにしたい。現在の「研究研修交流ゾーン」のほかに「からだのエリア」「こころのエリア」「関わり合うエリア」「仕事のエリア」をつくりたい。表現を変えれば、学校を核にして就労・医療・福祉などの機能が配備された、人と人が支え合う〝町づくり〟である。そこでは年齢、性別、国籍などの違いを超えて、あるいは障害や困難を持つ人と健常者が一緒に支え合って生きる。「人を排除しない」「人を認める」「仲間を作る」という星槎グループの理念が具現化された町である。

名称は「メト・ペマ村」。メト・ペマとは、星槎グループと深いつながりがあるブータンの公用語ゾンカ語で「ハスの花」を意味し、仏教では仏様の知恵や慈悲の象徴とされる。学校を核にした「町」づくりと書いたが、規模からすれば「村」がふさわしいだろう。大磯の試みを全国に広げる―。私の夢の集大成である。

この目で世界を見る

星槎グループは創立当初から、各学校による海外への研修旅行やホームステイ、姉妹校協定による留学生交換などさまざまな国や地域、都市との交流を重ねてきた。友好の相手はサイパン、バングラデシュ、ブータン、エリトリア、カンボジア、ドイツ、ハワイ、台湾、ミャンマー、ニューヨークほか世界中に広がっている。今回は〝私と世界との出合い〟をつづってみたい。

20代後半から、アマチュア無線の人脈などを介して海外に飛び出した。初期に訪れたのはニューカレドニア、フィジー、フィリピン、カンボジアなど。各地の幼稚園や学校を視察し、貧富の差の現実を目に焼き付けた。見たからには、知ったからには、何か協力しなければ…。まずは、できる範囲での資金と物資の援助から活動を始めた。

1990年にバングラデシュを訪れた筆者

今でも忘れられない強烈な光景がある。1990年、無線関係の仕事でバングラデシュの国営放送局の再建を依頼された時のことだ。朝の散歩に出かけると、通信省の門前に子どもの死体が捨てられている。驚いていると、ロバを引いた人がやって来て死体をロバに乗せ、どこかに運んで行く。それが、毎日見る光景なのだ。運ぶ手段が時に車だったりする違いはあるが。衝撃を受けるとともに、「何とかしなくては」と痛切に思った。

バングラデシュとの交流は今も続いているが、私たちはその後、バングラデシュの孤児院や学校を支援し、職業訓練と自立のために縫製工場を立ち上げた。この事業が実現した背景には、日本のある縫製会社の多大な協力があった。いつも思うのだが、独力で「ことを成す」のは難しい。理解者、パートナー、同志が必要だ。私はこれまで書いてきたように、何度も窮地に立たされたが、いつも良き理解者が現れて助けられた。

当初の10年ほどは、スポーツ大会や絵画コンテストに賞状や盾、文房具を贈るなど細々とした援助だったが、少しずつ本格化する。

例えば、ブータンは最初は「無線を始めたい」という要請に基づいて訪れた。それが、やがて山岳地帯に医療器具を提供するようになり、2014年には同国のアシ・ケサン王女のご理解を得て、王女のお名前を冠した「アシ・ケサン―宮澤星槎奨学金」を設立。その制度によって、毎年、ブータンの優秀な高校生2人が星槎の学校に留学している。

さらに、星槎大学とブータンの私立大学ロイヤル・ティンプー・カレッジが覚書を締結し、学生交流プログラムを実施、今年からはブータンで星槎の授業も行われる。現在は、20年開催の東京オリンピック・パラリンピックに向けて、同国とのスポーツ上の支援と交流を深化させているところだ。

多くの国を歩き、人々と交わり、見聞して常に考えさせられるのは「戦争の悲惨さと平和の尊さ」の問題である。やがて、サイパンで平和学習を行うことになった。

「やろうよ、ゾロ！」

サイパンとの〝出合い〟は私の高校2年の時でアマチュア無線が縁である。

無線局を開局して交信を始め、最初に仲良くなったのがグアムで数学を教えていたアメリカ人、バート・トンプソンさんだった。マイク片手に英和・和英辞書をめくりながらのつたない英語を、バートさんは熱心に聞き、丁寧に答えてくれた。

交信を始めてしばらくたった１９６９年、バートさんと夫人のドリスさんが観光旅行で来日し、私たちは羽田空港で「初めまして」のあいさつを交わした。その後、バートさんはサイパンに移り、当地のマリアナ高校の教壇に立つ。

歳月が流れ、私は「子どもたちが、もっと楽しめる学校」をつくることに熱中し、奔走していた。そんな中で、私は学校設立をバートさんに報告するためにサイパンに飛んだ。まだ直行便がなく、グアム経由。バートさんは私を自分の息子のようにかわいがってくれ、サイパンの友人たちに紹介し、勤務するマリアナ高校に連れて行ってくれた。外国人との付き合い方、その国の政治や文化への深い理解、平和の尊さ。バートさんは、多くのことを教えてくれた。

宮澤学園の開校を前に私はある計画を携えて3回目のサイパンの土を踏んだ。

サイパンは太平洋戦争末期、日米が死闘を繰り広げた島である。日本の守備隊は陸軍約2万8千人、海軍約1万5千人、ほかに本土への引き揚げが間に合わなかった民間人約2

バート・トンプソンさん（左から2人目）ご一家と筆者（同4人目）

万人が取り残され、現地住民も約4千人いた。上陸する米軍は7万を超す大兵力を投入。日本軍と民間人は北部の断崖に追い詰められた。「捕虜になるより死を選べ」と教育された兵士は自決し、あるいは崖から身を投げた。母親は幼いわが子を崖下の海に投げ、後を追った。死の間際、日本人が祖国に向かって万歳を叫んだことから、米軍はその崖を「バンザイクリフ」と呼んだ。

サイパンは78年から「北マリアナ諸島」として米国の自治領になっているが、随所に戦跡があり、戦争の〝生き証人〟がいる。若者たちが戦争と平和を学習するのに適した場所だ。それも、一方的ではなく、お互いの国の子どもたちが学び合うことができたら素晴らしいと思うのだが…。

私の話をじっと聞いていたバートさんは、とび色の瞳を輝かせて言った。「やろうよ、ゾロ！」。ゾロはアマチュア無線で使う私のニックネームである。

マリアナ高校は公立高校である。日本の高校と正式に交流するにはPublic School System（PSS、日本の文科省に相当）の許可がいる。そこでは、やはりマリアナ高校で教えていたバート夫人のドリスさんの多大な尽力があった。

85年4月、宮澤学園開校。87年2月、一期生のうち64人が初のサイパン研修に飛び立った。今に続く、星槎とマリアナ両校の交流の第1便である。

感動のサイパン研修

１９８７年2月25日、宮澤学園高等部（現・星槎学園高等部）の第1期生64人と職員14人がサイパンに向けて羽田空港を飛び立った。３月１日まで、記念すべき海外研修の第１回である。

日本の高校では、海外旅行がとても珍しい時代だった。生徒や父母たちは「本当にサイパンに行けるのか」と半信半疑だったようだ。私はバート・トンプソン、ドリス・トンプソンご夫妻との友情を育むなかで、これからの若者が外国の人と交わり、異文化に触れることの大切さを身をもって知った。とりわけ、太平洋戦争の激戦地であったサイパン島は「戦争の悲惨さと平和の尊さ」を学習するにはこれ以上ない環境である。

バートさんと私は、宮澤学園とマリアナ高校の交流プログラムを実現するために、度々、北マリアナ諸島自治連邦区政府の教育長を訪れ、この交流が双方にとっていかに有益かを熱心に説いた。教育長からは多くの質問や課題を出されたが、私たちはそれらを一つずつクリアしていった。

受け入れ先になるマリアナ高校では当初、「何で日本の高校生のために、私たちの授業が邪魔されなければならないのか」などの反発もあったようだ。あの時のトンプソンご夫妻の誠意あふれる協力ぶりを思い出すと今でも頭が下がる。

諸方面との数年にわたる交渉を経て、北マリアナ連邦政府からゴーサインが出た。私たちは本格的な準備に乗り出し、生徒たちは授業でサイパンやマリアナの歴史と文化を学んだ。

現地ではマリアナ高校訪問、両校生徒の交歓会、授業参加、戦跡訪問、戦争体験者の話を聞く会、慰霊式など多彩なプログラムをこなした。生徒たちは真剣だった。「教える」

初期のサイパン研修の一コマ。背後の左に旧日本軍の砲が残っている

ではなく、「伝える」ことの大切さ。私は実践的な平和教育になったと思っている。両校の生徒たちはすぐに打ち解け、あちこちに笑顔があふれていた。そしてお別れのサンキューパーティー。予定の時間が過ぎても、現地の生徒たちはなかなか帰ろうとしなかった。

帰国に際して、空港で解団式を行った。私は「参加して学ぶというこのプログラムを良く理解して、日本の若者としての役割をしっかり務めてくれた」とあいさつしたところで感極まってしまった。涙があふれ、言葉が出ない。生徒たちも泣きながら「サイパンに連れて来てくれて、ありがとうございました！」と声をそろえた。自然に湧き出た感謝の言葉だったらしい。

その翌年。マリアナ高校の生徒4人と職員1人が来日。学園の生徒宅にホームステイして、初めてのスキーなどを体験した。以来、交流の輪は広がり、94年に北マリアナ政府が「姉妹校」の名称を認めた。

96年、バートさんが急逝した。大恩人の遺志はドリス夫人に引き継がれ、現在はそのお子さまが担っている。第1回から途切れることなく32年。これまでにサイパンに渡った生徒は延べ8千人、サイパンから迎えた友達は2千人に上る。

64歳で大学院に入る

「知繫」と書いて「ちけい」と読む。辞書には載っていない言葉だ。私の体験に基づく造語である。知ることによって、人と繫《つな》がる、仲間になること。これは星槎グループの理念である「人を認める。人を排除しない。仲間を作る」に通じる。そして知るためには学ばなくてはならない。

日々、学校経営に奔走するなかで、長年、本格的に勉強したいと思い続けていた。ツルセミから始まって幼稚園、中学校、高等高校、大学、大学院創立と休みなく走ってきたが、その間に積み上げたデータや知見は膨大な量に上る。それらを、文章としてきちんと残し、学問的に体系化したい。とりわけ、星槎の根っこである不登校や学習障害、発達障害を持つ子どもたちの教育的環境づくりを科学的に検証し、これからの共生社会に役立てたいと思っていた。

そして「知繋」によって得た私の人脈は相当広がっていた。旧知の官僚や大学教授らに「本格的に研究したい」という私の気持ちを話すと、大いに賛同してくれた。問題は、もし大学院などに行くとなると、激務の合間に通学する時間をどうやって捻出するか、である。その覚悟はしていた。やると決めたら、睡眠時間を削ればいい…。しかし、現実は思いのほかに厳しかった。

すでに書いた通り、私は慶応大学文学部通信教育課程に在籍していた。3年半ほどで中退したが、その間に私は100単位を取得した。卒業に必要な単位はあとわずかだったが、ツルセミの仕事が多忙を極め、やむなくキャンパスを離れた。大学院を目指すなかで、慶応大学の在籍証明書と成績証明書が受験資格取得に役立った。成り行きで、慶応大学ではなく、早稲田大学大学院スポーツ科学研究科を受験することになった。

論文試験では「スポーツによる子どもたちの変化」について論述し、パス。次は、いよ

大学院の教授と学友たち（前列右から2人目が筆者）

いよ口頭試問である。こちらは1人、面接官は3人。私は障害者教育におけるスポーツの役割、子どもたちの変化、社会的必要性、経済効果などについて持論を述べた。

こちらは面接官より年上である。おまけに負けず嫌いだから、相手の質問や指摘に対して私の意図が伝わらず険悪な状態になった。

その面接を終えて外に出ると、廊下で待機していた別の受験生が、こわばった表情で私を見つめた。外まで聞こえるほど激しかったらしい。私は妻に電話して「多分、落ちたよ。ほとんど、けんかだったから」と正直に告げた。

ところが、世の中、面白いもので、面接官の1人が私の研究とテーマに興味と理解を寄せてくれたらしい。2013年、私は晴れて早稲田大学の大学院生になった。64歳で手にした「学割定期」がうれしく、こそばゆかったが、それは1日2、3時間の睡眠で文字通り「血尿が出る」生活の始まりだった。

睡眠3時間の猛勉強

2013年、64歳で早稲田大学大学院スポーツ科学研究科トップスポーツマネジメントコースに入った。研究指導教員は平田竹男教授。口頭試問の時の面接官3人のうちの1人だった。

私の研究の目的は「不登校、学習障害、発達障害、それに類似する生徒に対する星槎グループの40年間の実践を検証し、その過程でどのような壁があり、それをどのようなアクションによって克服してきたかを整理し、その周辺環境の整備、共生社会の実現や発展への示唆を得る」ことである。

さて、修士課程を終えるには通常2年間で30単位以上取る必要があるが、私は全精力を注いでそれを1年間でクリアするコースを覚悟を持って選択した。多忙な仕事と勉強を両立させるには想像以上に厳しい生活となった。

JR大磯駅から高田馬場駅まで、通学時間はおよそ2時間半。朝早い授業の時は午前6

時半ごろ電車に乗った。午前中の授業が終わると、急いで職場に戻り仕事をし、夕方、再び大学に戻って6時半から授業。電車内でおにぎりをほおばり、文字通り寸暇を惜しんで勉強した。通学にはできるだけグリーン車を使った。貴重な時間を節約するためと、座席の机でノートするためである。そんな生活が1週間に4、5日。シャープペンシルの芯を1日で3、4本消費した記憶がある。

修士論文発表会での筆者（右端）

土日も仕事が入っていて事務所にいても、来客のないわずかな時間を見つけて「30分ほど、誰も部屋に入れないで」と断って論文を書いた。そこで大いに助けられたのが、職場の有能なスタッフである。ある人は私の手書き原稿を清書してパソコンに打ち込み、その文脈や時系列など細かいチェックをしてくれた。ある人はエクセルなどを駆使して、論文に添える図表などを作ってくれた。

そのようにして、やっと書き上げた論文を、ゼミの先生がずたずたに切ってしまう。ありゃ～と思ったが、直された文章を読み返せば、なるほどと納得せざるを得ない。これまでは自己満足だった、と気づかされた。「気づく」ことの大切さを、私は大学院で再度学んだ。

通学・勉強の合間に、仕事上どうしても外せない海外出張が年に数回ある。そんなこんなで、睡眠時間は1日3時間あればいい方だった。今は、当時を振り返って「星槎の40年を検証して、けんしょう炎になった」と笑い話にしているが、けんしょう炎だけでなく、何回も血尿が出た。

講義を聴き、学友と語る日々は充実していた。大変ではあったが、自分で選んだ道だから苦労とは感じなかった。いや、大変だと思う余裕すらなかったというのが実感である。しかし楽しかった。妻は「倒れないようにね」とだけ言った。実は彼女も仕事が大変な時期で深夜帰宅が続いており、私は朝3時頃起きて夕食を作っておいた。

いつ寝ていたのかと自分でも不思議なくらいだが、あれは2度目の青春だったかもしれない。

1年で修士課程修了

院生には社会人も多かったが、年齢的に突出していた私を先生だと勘違いした学友もいた。私の研究指導教員は平田竹男教授。児玉有子先生が論文作成などの助言、指導に当たった。私たち平田ゼミ8期生は13人。元オリンピック選手や現役のテレビ局ディレクター、大学陸上部の監督ら著名人もいた。

みんな、よく勉強した。多くが仕事をしながらなので、必死だった。授業の合間には他のクラスの仲間と大学近くのバロンという喫茶店に集まり、互いに議論を深めた。バロンは後に閉店したが、経営者だった伊藤いくよさんとは今でも手紙のやりとりをしている。

8期生は行動力があり、結束が強かった。合宿では北海道や沖縄に飛び、学習はもちろん、初めて体験するスポーツやレジャーで非日常を楽しんだ。北海道では星槎グループの施設に宿泊した。そこでは私の仕事の現場を見てもらうことにもなった。それぞれ専門職を持つ仲間たちと寝食を共にする非日常は人間を成長させ、絆を強くする。

年に1度、全ゼミを対象にした論文発表会がある。そこで平田ゼミの仲間が最優秀賞に輝き、私が優秀賞を頂いたのは厳しい指導のおかげである。平田教授には「8期生は素晴らしい」と喜んで頂いた。

大学院の卒業式で平田竹男教授（右）と筆者

修士課程修了に必要な単位は2年間で30以上である。私は1年間で37単位取得した。自慢めいて恐縮だが、成績は全て「Aプラス」（特A）という予想を超える結果だった。ある教授はゼミ生に「その点については〃宮澤先生〃に聞いてごらんなさい」などと言った。「博士課程に進まないか」と声を掛けてくれる教授もいたが、修士で一区切りつけた。この先でも、勉強しようと思えば機会はあるはずだから。

学んで、知る。知ることで、人と繋《つな》がる。これまでのように、自分だけで考え、本を読むのでは限界があると知った。大学生活は、そのことを改めて気付かせてくれた。先に紹介した「知繋《ちけい》」という私の造語は、こうした体験から生まれたものである。それがまた「人を認める。人を排除しない。仲間を作る」という星槎グループが掲げる理念につながっている。

私は2011年から東京大学医科学研究所先端医療社会コミュニケーションシステム社会連携研究部門の共同研究員、後に15年からは同大学公共政策大学院の客員研究員になった。数年がかりで取り組んでいる論文の執筆は、まだ道半ば。学びに年齢は関係ない。学んで知る、人と繋がることは楽しい。

被災地で衝撃の光景

2011年3月11日に発生した東日本大震災と、続く東京電力福島第1原子力発電所の事故に対する星槎グループの活動は、震災直後の生活物資支援から始まった。同月17日からは星槎国際高校の仙台学習センターと郡山学習センターを拠点にしたが、その校舎も大きな被害を受けた。それにもめげず、生徒と職員たちがいち早く本格的な支援活動を開始した。

原発事故の風評被害に苦しむ福島県南相馬市が助力を求めていると聞いて4月12日、同市に入り、5月1日からは相馬市に拠点を設けて支援活動を活発化した。

私もキャンピングセットと寝袋、無線機器などを持って泊まり込んだ。南相馬市の桜井勝延市長（当時）とは面識はなかったが、HAM（アマチュア無線）仲間と分かって一気に互いの距離が縮まり、率直に意見を交換し合った。

相馬市の立谷《たちや》秀清市長は強力な理解者で、役所の一部を私たちの本部に提供してくれた。以後5年間、そこを借りた。

われわれの支援活動は、医療支援と教育環境支援に大別される。医療面での柱は旧知の東京大学医科学研究所の上《かみ》昌広特任教授（現・医療ガバナンス研究所理事長）である。私たちが福島に行くと話すと「私も」と即答してくれた。

上教授の研究班が中心になって福島県内各地の医療機関と連携し、避難所や医療機関の

南相馬市の桜井勝延市長（右奥）と対策を話し合う筆者（左から2人目）

現状把握と問題点の洗い出しを行った。まず取り組んだのは、放射線の説明会と健康診断である。

私は数日間現地に寝泊まりしていったん自宅に帰り、支度を整えてまた福島へと、ほとんど張り付き状態の日々を半年以上続けた。そのなかで、衝撃的な出来事がいくつかある。

避難所で対策会議を開いているときだった。近くで遊んでいた子どもたちの一人が、私たちの所に来てこう言った。「そんなに怖い顔をしてお話ししないでね。みんなニコニコしてた方がいいよ!」

私たちはギクッとして顔を見合わせた。私たちが助けなければならない子どもたちを、私たちは怖がらせていたのだ。必要なのは今こそ笑顔なのだ。

別の避難所で、一人の幼い女の子が無言で石を蹴っていた。少しも楽しそうではない。靴が破れ、血が付いていた。学校は閉鎖されている。放射線を避けて家に閉じこもり、周囲に迷惑をかけないようにしつけられている。心身が解放される場所が全くない。明らかに心的外傷後ストレス障害(PTSD)と思われた。

その日も、海岸で大掛かりな捜索が行われていた。遺体がビニールシートに隠されて運ばれて行く。間近をバスが通った。バスの窓から、その光景をじっと見つめる子どもたちの、表情を失った顔が見えた。幼い心にどんな傷が刻まれただろうか。

「諦めが悪くて」いい

今すぐに、幼い心のケアを始めなくては—。

東日本大震災と続く東電福島第1原発事故で避難所生活を強いられた子どもたちに接して、そう痛感した私は、星槎大学の教員や不登校対応に実績をもつ星槎グループの教職員らを中心に教育環境支援班を組織した。臨床心理士やスクールカウンセラー、保健師も加わった。先に紹介した医療支援班と教育環境支援班が、星槎グループの支援活動の2本柱である。

教育環境支援班では主に福島県の相双地区（相馬市、南相馬市、新地町）の小・中学校と高校に週1〜2回、スクールカウンセラーを派遣、カウンセリングや学習支援を行った。また、養護教諭同士の連携を強め、知識と練度を高めるために研修会を主催した。

事実私も被ばくしたこともあり、放射能と放射線を理解するために（株）ロハスメディアと協力し、フリーペーパー「相双メディカル」を発行。「内部被ばくを減らすために」などの特集を組み、放射線説明会や健康診断の会場で配布した。

相馬市の立谷秀清市長（中央）と話し合う筆者（その左）

被災地にも当然、高校受験や大学受験を控えた生徒たちがいる。これから受験勉強をどうしたらいいか。彼らの不安は切実だ。教育支援班は無償で大学受験の指導を始めたが、行政の教育機関から異議が出た。

後に、公立高校でも授業する許可を受けて支援が拡大、代々木ゼミナールや駿台予備校、東京大学経済学部のゼミ生らとともに、福島県立相馬高校への学習支援を続けた。

半年以上被災地に通って、さまざまな人を見た。

支援物資をもらう長い列に整然と並び、混沌《こんとん》の中にあって自治の意識を持った住民。避難所で「良い子」でいることを強いられた静かな子どもたち。深夜に泣く赤ちゃんが「うるさい！」

と怒鳴られて涙を流す母親。不眠不休で働く役所職員。元気だったはずの数日後に自殺した農家の男性。私が持参した無線機で親類の無事を確認してうれし泣きした人…。

震災直後から日本中にあふれた「絆」という言葉に、違和感があった。「絆だから」「やってやる」といった〝上から目線〟を感じるのだ。

支援というのは、自分たちが上にいて援助が必要な人たちを引き上げることではない。その人たちを「下から支える」ことだ。それは、支援が必要な人の日常に入り込むことでもある。

「care（ケア）」という言葉の語源は古代ゲルマン語らしい。「悲しみのあまり、叫び声を出す」という意味だそうだ。それほど痛切な状況に置かれた人をどのように支えて行くのか。助けが必要な人に、きちんと寄り添うところまでやり切らなければならない。

その意味で、諦めないことが大切だと思う。震災から7年が経過した今、日本全体がもっとしつこく「諦めが悪く」てもいいんじゃないかと思ってしまう。忘れてはならないと強く思う。

福島の子を北海道へ

星槎グループの教育環境支援班では子どもたちだけでなく、保護者や先生方まで対象に広げ、カウンセリングを続けている。医療支援班では放射線説明会や健康診断を定期的に実施し、２０１６年５月には震災から５年を経過した現状を報告する「こどもと震災　国際シンポジウム」を支援した。

また、震災直後から、相馬市内のビルの３階フロアを占める「星槎寮」を支援者の朝食付き無料宿泊施設として使用。星槎グループのメンバーをはじめ、医師や看護師ら医療従事者、ボランティアら宿泊者は延べ５２００人に上る。

避難所に閉じ込められて「良い子」でいることを強いられる子どもたちのストレスや心的外傷後ストレス障害（ＰＴＳＤ）についてはすでに触れたが、子どもたちを思いっきり屋外に解放してあげたかった。

ツルセミを始めた昔から、私は子どもの笑顔を見るのが大好きだ。そのために、何ができるか。すぐ頭に浮かんだのが、星槎国際高校と星槎大学がある北海道芦別市である。隣の帯広市にも、星槎国際高校のキャンパスがある。そうだ、あの素晴らしい雪の景観と星空を見せてあげよう！

2016年12月、「北の大地に会いに行こう」ツアーに参加した
福島の子どもたち＝芦別市の星槎国際高校本部校

願いは震災翌年に実り、夏休みと冬休みを利用して福島の小・中学生を1週間、芦別市と帯広市に招待することになった。プロジェクトのタイトルは「北の大地に会いに行こう」。夏は星槎国際高校帯広キャンパスを拠点にして、川遊びや十勝の大自然に触れる。冬は星槎国際高校芦別本部校を拠点にスキーや雪像づくり、クリスマスケーキ作りなどを体験する。

　また、大磯キャンパスにサッカー少年を招待して合宿を行い、福島でも大会を主催している。

　帯広、芦別両市の理解とご協力があって実現した共同事業で、時には市役所の職員数人がタコ焼きを焼いて、子どもたちに振る舞ってくれた。これまでに北海道に招いた福島の小・中学生たちは延べ436人。スキーは初めてという子が大半で「外で思いきり遊べて楽しかった」「友達がたくさんできてうれしい」など、毎年、子どもたちから届く感謝の手紙が私の何よりの喜びだ。

政治家が〝お供〟を従えて、被災地に入る。受け入れる地元は多くの労力と神経と時間を使う。政治家たちは2、3時間「視察」して帰る。その間、彼らは一体、何を見たのだろうか。私には、地元にとってはこの非常事態時の現場には迷惑としか思えなかった。

支援のあるべき姿は「上から与える」ではなく、「下から支える」でなければならない。被災地視察で長靴を履いておらず、背負われて水たまりを渡るようでは、何をか言わんや、である。

プロ野球選手第一号

小学校入学以来、走ることは得意だった。高校入学時の体力測定で、1500メートル走で4分30秒くらいで走り、体育教師に驚かれた。

ツルセミで教えていた当時、勉強は苦手だがスポーツや芸術面で才能を発揮する子どもたちを数多く見てきた。早稲田大学大学院で選んだコースは、スポーツ科学研究科。大学院受験時に提出した論文は「スポーツによる子どもたちの変化」を論述した。

星槎グループの各学校では、スポーツを重視している。生徒たちはスポーツを通して仲間と関わり、仲間に支えられていることに気づき、自分の役割とルール、チームワークの大切さや社会性を学ぶ。仲間を信頼し、相手を尊重する気持ちを育む。それらを私たちは「スポーツを通した共感理解教育」と呼んでいる。全国にいる生徒たちの星になってもらいたい。

その上に、星槎国際高校湘南にスポーツアスリートコースを設けた。現在あるのは硬式野球、男子・女子サッカー、女子バレーボール、陸上競技、男子バスケットボール。

4月からは埼玉県川口市の星槎国際高校川口キャンパスに、フェンシングコースを開き、元五輪選手で日本代表チームの監督を務めた江村宏二さんを招いた。国際大会では2年生の上野優佳選手が2階級で優勝し、世界チャンピオンになった。硬式野球部の監督は桐蔭学園の名伯楽として知られた土屋恵三郎さん。4年前に監督に就任し、的確で情熱的な指導が実を結び、神奈川で無名だった星槎国際湘南野球部を昨年春の県大会でベスト4に押し上げた。

そして、昨年のプロ野球ドラフト会議。星槎のエース、本田仁海《ひとみ》投手が4巡目でオリッ

本田仁海さんを挟んで土屋恵三郎監督（左）と筆者

クス・バファローズに指名され、星槎で初のプロ野球選手が誕生した。

本田投手は横浜市生まれ、右投げ左打ちの本格派。女手一つで育ててくれた母親への恩返しを誓う。彼の初登板に胸がときめくが、その姿を落ち着いて見ていられるかどうか…。

女子サッカーコースの宮澤ひなたさんは、先に日本女子サッカー代表チーム・なでしこジャパンの候補に選ばれた。宮澤さんは２０１５年にU－16日本女子サッカー代表に初選出されている。

私と同姓なので「孫だ」と言っているが、真実は親戚ではないのだ。男子サッカーからはＪリーガーが生まれ、女子バレーボールチームはインターハイ県予選ベスト8になった。

もう一人、昨年の東日本少年個人フェンシング大会で優勝し、スポーツ界で注目されている稲山友梨さんが入学した。川口キャンパスに登校し、江村さんの指導を受けている。

生徒たちは「目標は東京オリンピックです」と頼もしい。

私は彼らに「人を認める、人を排除しない、仲間を作る」という星槎の約束について話し、こう励ます。「君たちは星槎の歴史をつくるんだ、その同志なんだ」

素晴らしき東京五輪

２０２０年の東京五輪に向けた星槎グループの取り組みを紹介する前に、１９６４年の東京五輪について書きたい。

最大の思い出は、聖火ランナーに選ばれたことである。

当時の私は町田市立町田第一中学校の3年生。走ることは得意だった。記憶によれば、私たちが走ったのは町田市の恩田小学校前から八王子市の由井第二小学校に至るコース。20人ほどがランナーに選ばれてチームを組んだ。

距離は3キロほどだったと思うが、これが相当きつかった。御殿峠と呼ばれていた坂道をピークに、ほとんど上り坂なのだ。

事前に試走はしたが、本番の緊張感はすごかった。聖火を掲げるランナーに異変があれば、すぐに交代しなければならない。

走りだすと、随所で「決められたゴール時間より、××秒遅れているぞ」などと、ひっきりなしに細かい指示が出る。役員も選手も必死だ。ゴールした時、ランナーはみんな倒れ込んでしまった。

五輪本番の競技を観戦したくても、チケットが手に入らない。友達のお父さんのつてでやっとレスリングのチケットを入手、友達と会場に乗り込んだ。

なんという迫力！　外国人選手に「アニマル」と恐れられた渡辺長武《おさむ》選手の大活躍に私たちも大いに沸いた。また、80メートル障害の依田郁子選手と吉岡隆徳コーチ（「暁の超特急」と呼ばれた名ランナー）の練習風景を見て、これまた大興奮した。

極め付きは、マラソンのエチオピア代表・アベベ選手である。哲学者のような風貌で顎を引いて淡々と走り、圧倒的な強さで優勝した。ゴール直後も少しも疲れを見せず、軽やかに柔軟体操をする姿に驚いたものだ。

私と友達はアベベ選手の雄姿と円谷幸吉選手らを間近に見たくて、マラソンコースの甲州街道の沿道に陣取った。

円谷選手は銅メダルを獲得したが、その後、次の五輪を目指す途次で苦悩し、自ら命を絶った。「幸吉は、もうすっかり疲れ切ってしまって走れません」という家族に宛てた遺書が、当時の日本人に衝撃を与えた。

東京五輪で、もう一点、強く印象に残ったことがある。

私は競技を観戦しなくても、会場や選手村付近に頻繁に足を運んだ。いろいろな国の選手たちに会えるのがうれしかった。

肌の色、言語、服装、文化が違う国の選手が握手し、気軽に私に手を振り、笑顔を見せてくれる。大国も小国もない。たどたどしい日本語で「東京五輪音頭」を披露してくれたのは、ど

東京五輪のマラソンで力走する円谷幸吉選手（1964年）

この国の人だったのだろうか。

世界は広い。でも、国境は越えられる、仲間になれる。スポーツの力を実感した。

あの感動をもう一度

1964年の東京五輪で私は、さまざまな形で五輪とスポーツの素晴らしさ、可能性を知った。

星槎国際高校湘南のスポーツアスリートコースに在籍した生徒がプロ野球選手やJリーガーになり、在籍中の生徒が「なでしこジャパン」の候補に選ばれたことなどを先述した。そのコースにはブータン、ミャンマー、東アフリカのエリトリアからの留学生がいる。

星槎グループのスポーツ支援は2020年の東京オリンピック・パラリンピック（以下、東京五輪）だけでなく、24年、28年大会を見据えている。オリンピック憲章でうたわれているように、オリンピック精神はスポーツだけでなく、文化や教育、一人一人の生き方に関わっている。星槎で学び、育ったアスリートたちが母国に帰って選手として、また指導者として星槎の心＝三つの約束（人を認める、人を排除しない、仲間を作る）を伝えていく。そんな循環がつくれたら、と思っている。大げさに聞こえるかもしれないが、末端で

ブータンとの事前キャンプ協定締結式。左から中﨑大磯町長、山口箱根町長、加藤小田原市長、黒岩神奈川県知事、ブータンのジゲル・ウゲン・ワンチュク王子殿下と筆者

もいいから〝これからの国づくり〟に貢献したい。

14年、星槎グループとエリトリアオリンピック委員会（ＥＮＯＣ）が覚書を締結した。東京五輪に向けてコーチの養成などをサポートし、教育、医療まで視野に入れて長期的、継続的な支援を目指す。15年にはＥＮＯＣと神奈川県、小田原市、大磯町、箱根町、星槎グループの6者が協定を締結。星槎グループの施設を事前キャンプ地にして、地域との交流を深めることなどを確認した。練習・宿泊施設は星槎箱根仙石原総合型スポーツクラブが中心になる。

ブータンとは16年にスポーツ交流の覚書が、17年にはＥＮＯＣとほぼ同じ内容の東京五輪事前キャンプの6者協定が結ばれた。2018年4月には、ミャンマーとも同じ趣旨の協定を結んだ。

これによって、三つの国のアスリートたちが星槎の箱根キャンパスなどに集うことになった。言葉や文化などの違いを超えて人間としてお互いを高め、補い合い、喜びをともにするなかで、多くを学ぶことができるだろう。

事前キャンプの協定書は「全当事者は、言語や文化をはじめとした相互の違いを自然に受け入れ、互いに認め合い、東京2020大会の枠にとどまらず、相互の友好協力関係を更に発展させられるよう、努める」とうたう。そこに〝星槎の心〟が脈打っている。

われわれの活動の良き理解者の一人である黒岩祐治知事には各国との協定をはじめ、さまざまなご指導とご協力をいただき、本当に感謝している。県スポーツ局オリンピック・パラリンピック課、また各自治体と力を合わせ、さらに良い各国のアスリートへのおもてなしができるだろう。

中学3年生だった私が1964年の東京五輪で味わった国境を越える感動を、一人でも多くの人に体験してほしい。きっと世界が広がるだろう。

星槎が求める教師像

何度か書いたが、私自身は教育者ではない。「教育的環境を創る人間」である。その観点から私の「教師像」について書こう。

毎年多くの教員を採用する。その説明会では必ず「学校の先生になりたい人はお帰りください」と切り出す。会場に来た人は一様に驚く。そもそも、星槎は「学校」をやろうとは思っていない。

大切なのは子どもたちの学ぶ権利であって、私は憲法26条と教育基本法に定められていることが全うされていない状況に対して、それを補完する機関として星槎を創ってきた。塾であれ、大学であれ、そこが学校かどうかを決めるのは政府や私たちではなく、学習者であり、子どもたちだと思っている。だから「学校」の先生をやろうと思って星槎に来てもらっては困るのだ。

目の前の子どもたちに対して、先生として向かうというよりも、まず一人の人間として何が必要かを必死に考える。もがきながら子どもたちに相対し、声にならない声に耳を傾けて、滑ったり転んだりしながら、一緒に成長していくのが星槎のスタッフである。私たちが何をすべきか、どの方向に進むべきか、私たちに道を示してくれるのは子どもたちな

2015年から毎年実施している国際交流イベント「SEISA　Africa-Asia Bridge」で若者たちに語り掛ける筆者

のだ。

先生になりたい人たちは、大学で規定の課程を修めてきたわけだが、これは教員免許を取得するための〝学修〟であり、教員になってから何が必要かを十分に学んできているとは言い難い。

いざ子どもたちの前に立ち、自分の描いていたものとのギャップにあぜんとする人も少なくない。「決められたことを教えるのが教育」という考えが染み込んでいるからだ。そうした先生にとって「良い生徒」とは「先生の言うことを聞く生徒」になりがちだ。しかし、それは大人の都合でしかない。履き違えてはいけない。

採用する人材にもいろいろいる。新卒者もいたが、当初は既卒者や中途採用者が多かった。社会人になって改めて教育に強い関心を抱いた人、個性的で子どもが好きな人、ユニークな才能を持つ人などなど。私見では彼らは新卒者よりも情熱的で真剣で、社会を知っているだけに子どもたちに対しても説得力があり、考え方も柔軟だった。

あくまでも真ん中にいるのは学習者である生徒たちだという考え方は、ツルセミ立ち上げの頃からの信念である。教室に20人の生徒がいるとしたら「1対20」という感覚は捨て、「1対1が20組」あるという気持ちで子どもたちに関わる。おのおのが得意なことを見定めて一人一人がヒーローやヒロインになる場面作りに躍起になっていた。そうすれば子どもたちはお互いを認め合い、補い合う。人に必要とされることを経験する。

この延長線上に星槎の全てが存在するのだ。その環境を生み出す役割を担うのが星槎のスタッフであり、あえていうならばそれが私の「教師像」である。

生徒の興味引き出す

教育は「教える」ことではなく、「伝える」ことだ。目の前の子どもを一生支えていく土台の一部分にでも関わりたいとあがくことだ。

「教科書で教えるべきことは全て教えました」と胸を張る先生がいたとする。それだけで良いのだろうか。知識を教える教育に偏重すると、いろいろな弊害が出る。知識は容易に陳腐化する。また必ず誰かのフィルターを通したもので、正解は一つ、必ず誰かが持っているという妄信にもつながる。自分の目で見て、考えることが脇に置かれてしまう。スマホを手にした子どもは、いくらでも必要な最新の知識に瞬時にアクセスする。

星槎は「知識理解教育」に対して「共感理解教育」という考えを重視している。世の中の事象を、子どもたちの身近なことを素材にして共感的に理解していくものだ。

そもそも英国数理社に代表される教科が金科玉条のように捉えられている向きがあるが、これらはあくまでフィクションだともいえる。教科や科目というのは分けて整理したもの。では何を分けて整理したのか。それは私たちの目の前に広がる世界である。私たちが生きる世界をより深く理解するために分解し、整理整頓したものが教科・科目であるとすれば、逆に分ける前の姿から学ぶことがあってもいいだろう。

子どもたちが興味を持つ身近な事柄を素材にしてそれをとことん追求していくと、その周辺には英語も国語も理科も社会も全部がそろっているのだ。その身近な素材を自分との関係、そして他者との関係において共感的に捉え直すこと、ある意味で世界観を再構築し

富士山を背にした星槎学園高等部湘南校の木造校舎と生徒たち

ていくことが星槎では大切なのだ。そこから興味が湧けば教科学習もとことん進めていけば良い。その結果、信じられないくらいの進学実績を残す子も少なくない。

「本物」の力も大切だ。宮澤学園高等部（現・星槎学園）を開校した当初、本物に触れ、感動を覚えることの大切さを思い知らされた。博物館のご協力で仏像の解体修理を見学させていただいた。１３００年も前に作られた仏像が目の前にある。恐る恐る、その木肌に触れる。一時期、やんちゃ系にいた生徒がいたく感動していた。あの時の彼の目の輝きを私は忘れない。

湘南の地に建てた木造校舎での出来事も忘れられない。校倉《あぜくら》工法板倉造というくぎを一本も使わない工法で日本を代表する宮大工の大棟《とう》梁《りょう》に建てていただいた。その名工が年輪から推測したその木の歴史を説明してくれた。そこで「木が鳴る」という話をした。真冬の夜に私は子どもたちと寝袋を持ち込んで横になり、その瞬間を待った。深夜、ミシ、ミシという木が鳴る音が聞こえた。「校舎が生きている！」——誰ともなく叫んだその声に私は答えた。「大切に使っていこうな」。以来、落書きなど一切ない。

子どもたちは確かに学んでいくのだ。

59歳で胃の全摘手術

私は男4人兄弟の末っ子である。父親は42歳で肝臓がんで亡くなった。土気色のむくんだ顔は忘れられない。長兄は59歳の時に風邪をこじらせ、急性肺炎で他界した。残された兄弟3人は「兄貴よりは長生きしよう」が合言葉になった。

今は兄弟2人になったが、私は大好きだった祖父の享年72以上は生きたいと思っている。

２００８年、59歳のある日。強烈な胃痛に襲われた。痛みは30分ほど続いた。その3カ月ほど前に人間ドックに入り、「異常なし」の判定が出ていたのだが、病院で精密検査を受けると胃がんと判明した。医師は「でも、早期ですから大丈夫。内視鏡で切除できるでしょう」と言った。

がんを告知された時の私の気持ちは「いつか来ると思っていたやつが、ついに来たか」である。普通の人はショックを受けるのだろうが、私は結構落ち着いていた。事実を受け入れるしかない、ジタバタするのはよそう…。私は医師に「やっぱり、がんが来ましたか！」と明るく言った。医師はちょっと驚き、「大丈夫ですか」と聞いた。「大丈夫です」と答えた。

私には多くの飲み友達がいた。例によって、行きつけの店で飲んでいるうちに、つい私はがんと告知されたことに触れた。それを聞いた常連客（顔見知りだが、お名前は知らない）の一人が「実は」とご自身の身分を明かした。国立がんセンター（現・国立がん研究センター）中央病院院長・土屋了介という大変な先生だった。土屋先生はすぐにがんセンター中央病院に連絡してくれて、今度はがんセンターでの精密検査という段取りになった。主治医は片井均先生。この方もまた、高名な外科医だった。

片井先生は胃カメラを操作しながら「立派ながんだけど、全体像がまだ分からない」とつぶやいた。さらに数十分、「おっ、ここにもある。ここにもある」と言った。検査後、片井先生に「開腹して胃を全摘する可能性がある」と告げられた。私はまた「はい、了解です」と元気に答えた。

同年12月18日、手術。開腹すると、がん細胞は胃の裏側までびっしりはびこっていた。進行は思いの外早く、胃は全摘された。専門的に、とても珍しいタイプのがんだったようで、2人の先生は命の恩人である。

その頃、現在の星槎グループの本拠である大磯キャンパスをつくる仕事に忙殺されていた。私は弱音を吐かない性分だが、さまざまな抵抗や誹謗《ひぼう》中傷を受けて、心身ともに疲れ切っていた。

がんの発見は「少し休め」ということかな、と考えた。12月30日退院。見舞いの人に「〝社会のがん〟が本当のがんになった」などと冗談を言った。

土屋先生はその後、公益財団法人がん研究会理事、東京財団政策研究所の上席研究員。片井先生は国立がん研究センター中央病院の副院長などを務められた。

がんをプラスにする

２００８年12月、還暦を前にして胃がんが見つかり、全摘手術を受けた。まさか、飲み屋で知り合った人が国立がんセンター（現・国立がん研究センター）中央病院の院長（当時）だったとは…。私は強運の持ち主かもしれない。

がんを宣告されて死を考えたこともある。私は小学校2年の時に祖父を、3年の時に父を相次いで亡くした。死は身近にあった。それは、誰にでも訪れる。仕事に忙殺されるようになっても、心のどこかで「その時が、いつか来る」と思っていた。

だから、がんの告知を受けてもショックではなかった。そして、がんと「闘う」より、がんと「共生」しようと思った。残された時間を精いっぱい生きる。だから「がんよ、静かにしていてくれ」といった心境である。妻はいつものように動じず、「できることをやればいい」とさらりと言ってくれた。

翌年1月4日、退院直後で恒例の年頭あいさつをしなければならない。肺活量が極度に落ち、前日までほとんど声が出なかった。しかし、マイクを持って話し始めたら、不思議と力が湧いてきて、健康時に近い声量が戻ってきた。私の話を聞きながら、泣いている職員もいた。私の担当である150人分のおでんを3日に作り、4日にみんなで楽しく食べた。あの味も忘れられない。

主治医は「あんたなら大丈夫だよ」と励ましてくれた。抗がん剤を使わない治療を選んだ。今でも、体調は日によって波がある。体重は落ちたが、手術以前と同じような仕事ぶりに戻った。明るく、楽しく、前向きにという心構えは変わらない。

　がんになって世の中が広がり、よく見えるようになった。人は一人では生きられない。一人の力は、たかが知れている。あちらこちらと随分遠回りしたが、そのおかげで多くの素晴らしい人と出会い、学ばせていただいた。知識を蓄え、人脈ができた。遠回りは無駄ではなかったと思う。

　残る時間が少なくなったから日々を充実させて生きるようになり、仕事のペースを上げた。時間がないという現実が、かえって見通しを良くしてくれた。やらなければならないことが、はっきり見えてきた。次代へのバトンタッチと、そのための〝種まき〟を強く意識するようになった。がんというマイナスは、プラスに変えることもできる。

退院して間もなく、教師像について熱弁を振るう筆者（兵庫達弥さん撮影）

　同年7月27日、還暦の誕生日。その日、職員に宛てた一文の中で、私はこんなことを書いた。「ここ1、2カ月は、はるか昔の自分を思い出していた。このような体調なもんで、なおさらなんだろう。何もないところから、子どもたちとみんなと…時間はかかったけどネ。まだまだ強烈な毒ガスみたいなものをまき散らしながら生きたい！　自らの成長を知りたいし、みんなが喜ぶことを実感し、共有できる喜びを一緒に味わいたい。明日はどんな面白い日が待っているんだろうか？」

遠回りは近道だった

この連載も大詰めである。残すところ、あと2回。貴重な紙面をお借りして、仕事としてではなく、人生として、自分の歩みを振り返ることができたことをまず感謝したい。

〝未来への種まき〟は世界に広がる。エリトリアの子どもと筆者

私は個人的なことでは感覚的で、走りながら考える人間だが、何かを成し遂げようとする点では真逆で、綿密に計画を立ててきた。「居場所のない子どものために学校をつくる」と約束したら、実現に向けて、ひたすら努力する。「行動せずして挫折することを拒否する」（チェ・ゲバラ）。目標を定めたら、ブレない。反対する人、批判する人はたくさんいたが、それにも増して、多くの人が手を差し伸べ、知恵や力を貸してくれた。この人たちは私の財産である。

能力のある人なら時間をかけずに進める道を、私はあっちに曲がり、こっちに傾き、転んだりして、随分、遠回りをした。でも決して諦めず、約束を守ろうとした。

とはいえ、何かを始めるにも、私にはその分野の知識や経験、能力がない。選挙でいう「地盤、看板、カバン」もない。ゼロからのスタートだから、いろいろな人にお会いし、話をお聞きし、教えを乞いながら、一つ一つ課題をつぶしていくしかなかった。

その長い道のりでさまざまな勉強をし、知識を蓄え、順風満帆な道のりでは知り得ないことを知り、幅広い多彩な人脈をつくることができた。遠回りは決して無駄ではなかった。いや、むしろ近道だったかもしれない。

牧野富太郎という植物分類学者がいた。小学校を4年で中退した。幼少から興味があった植物を独学で勉強し、49歳で東京帝国大学の助手になった。後に講師になったが、退職するまで肩書は講師のままだった。学歴のなさをばかにされ、冷遇されても「学者には学問があれば何も要らない」と動じなかった。私は、その生き方に深く共感する。他者からの批判をくよくよ悩む時間があるなら、それを自分の信じる道を進むために使おう――。

私は「日本で初めて」の教育機関をたくさんつくり、法整備を促してきた。それはある意味で〝社会改革〟でもあった。改革には必ず抵抗勢力が生まれる。私の場合も、誹謗（ひぼう）中傷は日常茶飯事だった。それに対して、私は負けなかった。「じゃあ、評論家にならずに、あなたたちがやったらどうですか」と反論した。

牧野先生は、学校では学んでいなかった。どこで学ぶかも大切だが、何を学ぶかも大切である。興味があることを一生懸命続ければ、いつか一流になれるということを牧野先生は教えてくれる。

先生が詠んだ、私の好きな歌がある。「草を褥《しとね》に　木の根を枕　花と恋して五十年」。好きなことを続ける大切さは、人を好きになることに通じるかもしれない。星槎の教育も、突き詰めれば、一筋に恋する人を育てることかもしれない。

覚悟を決めれば、道は必ず開ける。

星槎国際高校湘南の野球部員に「道は開ける」と話す筆者

星槎の理念を世界に

幼稚園、中学校、高等学校、専門学校、大学、大学院、それに関わる人々など全国の星槎グループに通う人は約3万6千人。卒業生とツルセミの通算在籍者、教員免許更新講習受講者らを加えると星槎で学んだ人は総計約53万人に上る。46年前の3月、生徒2人の塾からスタートしたことを思えば、それなりに感慨はあるが、私にはこれからやらなければならないことが山ほどある。

最大のテーマは、星槎グループの総本山である大磯キャンパスの整備。約3万2千坪の敷地の20％ほどしか、まだ活用していない。将来、そこに学校を核にした町をつくりたい。学習、就労、福祉、医療などの機能が一体になった理想郷。そこでは年齢、性別、国籍を超え、障害や困難を持つ人と健常者が支え合って生きてゆく。

これまで社会が見落としてきた施設も、造る計画だ。例えば、障害を持つ人の老人ホーム。私は20年以上前から、その必要性を認識していたが、実現に至らない。亀の歩みながら前進はしているのだが、やるべきことがたくさんあって、優先順位を付けると、生徒の施設充実など現実に差し迫った事項が先行して、私の理想は後回しになってしまう。

69歳になり、残された時間はあまり長くない。最近、物忘れが増えた。認知症になったら…などと考えると、仕事のペースを上げなければ、と心がはやる。意識しているのが、後身の育成。そのための種をまく。組織には耕す人、種をまく人、水をやる人が必要である。さらに、雑草を取る人。雑草は「組織の成長を妨げるもの」といった意味で、地味ではあるが、とても大切な役割だ。

星槎グループの学校の多くに「国際」の文字が付く。それらを学校法人国際学園が運営する。「国際」にこだわるのは世界中の仲間とつながり、学び合い、関わり合いたいと願うからだ。そのために、多くの国際体験学習を実施している。そして「人を認める、人を排除しない、仲間を作る」という星槎の理念を世界に広めたい。

「ネバー・ギブアップ」を座右の銘に、明日を見つめる筆者

民俗学者の柳田国男先生は、かつて「人は以前よりも泪《なみだ》を流さなくなったようだ」と言った。私は星槎の若者たちに、いつも語り掛ける。「喜びの涙、悲しみの涙を一人で流すのではなく、仲間と共感して流す涙が、君たちを素晴らしい人間にしてくれるはずだ」。これこそが、共感理解教育の原点である。

違いを超えて共に生きる、ぬくもりのある社会の創造に向けて、倒れるまで一歩でも前に進む覚悟である。今後の星槎の活動を見守っていただければ幸いです。

あとがきにかえて

「わが人生」連載後、2022年3月、夫、宮澤保夫は他界しました。本書で本人が語ったように波乱万丈の人生でした。生徒から贈られた「人生の暴走族」「教育界のならず者」というフレーズをたいへん気に入っていたことが思い出されます。

食べるために学習塾を始めたと本人も言っていましたが、こどもたちと関わるうちに、自身がこどもの頃に感じていた周囲との違和感を思い出したのでしょうか。次第に、こどもたち一人ひとりの生き方が大切にされる学習塾、そして学校作りにのめり込んでいきました。

星槎の教育は、共生~共に生きる社会を創る、その担い手の育成を目的としています。私たちは共生社会と聞くと、補い合い、助け合う社会を想像しがちです。しかし、宮澤の信じた共生社会とは、それぞれが一番得意とすること、活躍できることを提供し合う、いわば皆のいいところを持ち寄ってできる社会でした。

だからこそ、こどもたちはそれぞれの好きなことを学び、それぞれのペースで成長することを尊重されなくてはならないのです。そのためならいかなる闘いも辞さないという強い気持ちで、星槎グループをけん引してきたのだと思います。

人生をかけての挑戦ではありましたが、辛くたいへんなことばかりではありませんでした。ここで宮澤の個人的な趣味について触れておきます。実は世界的に有名なアマチュア無線家でもありました。アマチュア無線のコンテスト（無線でやりとりできた人数を競う）では、いつも入賞し、たくさんの表彰状やトロフィが無線室には飾ってありました。亡くなる前年にも「ＣＱ　ＤＸ　マラソン２０２１」という世界中のアマチュア無線家が参加するコンテストに出場していました。その結果が亡くなった後に届いたのですが、なんと優勝していたのです。普通ならありえないような話ですが、なぜか周囲は「そういう人だった」と納得したものでした。

海外のアマチュア無線の仲間は、日本に来ると宮澤を訪ねてきました。国籍や職業は多種多様。こういった仲間との友誼が宮澤の人間の幅を広げ、人は言葉や文化の壁を越えて仲良くできると確信したのではないでしょうか。

みんなが活躍できる明るい世界。それを思い描いた宮澤保夫は志半ばでこの世を去り、こどもたち一人ひとりに寄り添う学校作りは、私たちに託されました。宮澤の遺した言葉と共に、その想いが永く受け継がれることを願い、あとがきにかえさせていただきます。

最後になりましたが、連載時にたいへんお世話になりました服部宏様、神奈川新聞社の川村真幸様、協力いただいた星槎グループの皆様に感謝申し上げます。

宮澤　幸子

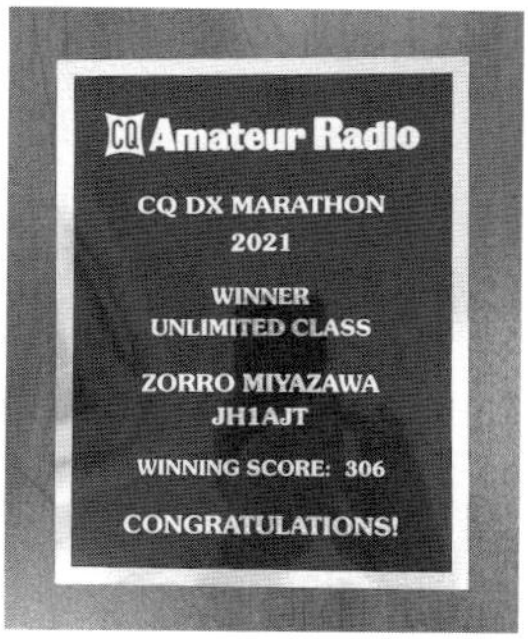

逝去後に届いたDXマラソンの表彰盾

2020年10月、大磯町の自宅シャック(無線室)にて

◎主な支援活動（抜粋）

日本	東日本大震災 震災直後の緊急物資支援から支援拠点「星槎寮（～2017）」の運営、健康診断、カウンセリング、学習支援など（現在に至る）
バングラデシュ	国営放送局へ技術指導団派遣 アグラサーラ孤児院の子どもたちのサポートと日本との国際交流支援
カンボジア	プノンペンに職業訓練センター設置及び施設の継続的拡充支援
ブータン	寄宿舎（女子）建設資金支援 ブータン王室を通じ、聾唖者のための聴覚訓練機器を寄贈 愛知万博ブータン王国館への参加支援 焼失した古寺「ワンデュ・ポダン・ゾン」の再建支援 日本留学・海外留学支援 ブータンオリンピック委員会との協働による各種スポーツの振興 東京2020オリンピック・パラリンピック事前キャンプ地協定締結 東京2020パラリンピックにブータン史上初出場支援
ラオス	国営放送局へ技術指導団派遣、文化情報省の招聘による社会福祉施設への支援
ミャンマー	スクール・ヘルス・プログラム支援の一環として学校での健康・衛生 環境の向上のため、保健省へ各種の寄贈による支援 高校生等の日本短期留学支援：工科高校での授業体験、企業研修 ミャンマーオリンピック委員会とスポーツコラボレーション覚書締結 東京2020オリンピック・パラリンピック事前キャンプ地協定締結
ネパール	ネパール大地震被災村に緊急物資支援（子どもたちには新しい制服を寄贈）
エリトリア	高等技術学校へ技術指導団派遣 エリトリアオリンピック委員会に対して青少年、障がい者のスポーツ振興支援 東京2020オリンピック・パラリンピック事前キャンプ地協定締結
その他	エチオピア・南アフリカ・マラウイ・ブルキナファソ・サントメプリンシペ・ガンビア・コートジボワール・サイパン・中国など

◎国際支援等の社会活動歴（国名・地名のみ）

1983 ニューカレドニア ／ 1984 北マリアナ諸島・アメリカ合衆国 ／ 1987 北マリアナ諸島＊サイパンマリアナハイスクール（MHS）との交流（毎年実施〜現在に至る）／ 1989 ラオス・北マリアナ諸島 ／1990 バングラデシュ ／ 1993 エチオピア・エリトリア ／ 1994 北マリアナ諸島 ／ 1995 ブータン ／ 1996 ラオス・北マリアナ諸島・イエメン ／ 1997 ラオス・北マリアナ諸島 ／ 1998 北マリアナ諸島 ／2000 北マリアナ諸島 ／ 2001 北マリアナ諸島・ブータン ／ 2002 アメリカ合衆国（アラスカ大学）・ブータン ／ 2005 ブータン＊愛知万博ブータン王国館への支援 ／ 2007 台湾＊第18回アジア知的障害者会議にて星槎賞授与 ／ 2009 シンガポール＊第19回アジア知的障害者会議にて星槎賞授与 ／ 2010 ブータン・バングラデシュ＊アグラサーラ孤児院支援事業開始（〜現在に至る）／2011 韓国＊第20回アジア知的障害者会議にて基調講演ならびに星槎賞授与 ／ 2011 東日本大震災被災地（特に福島県）での教育・医療・福祉支援（継続実施）／ 2012 ブータン・ミャンマー・カンボジア ／ 2013 ブータン・ミャンマー ／ 2014 ブータン・エリトリア・ミャンマー ／ 2015 ブータン・ネパール・北マリアナ諸島・エリトリア ／ 2015 第1回SEISA A f r ic a A sia B r idge（通称：SA AB/サーブ）主催（〜現在に至る）／ 2016 ブータン・バングラデシュ・エリトリア ／ 2017 ブータン・エリトリア・ミャンマー ／ 2018 ブータン・エリトリア・ミャンマー ／ 2019 ブータン・エリトリア・ミャンマー ／ 2020 ブータン・エリトリア ／ 2021 ブータン・エリトリア ／ 2022 ブータン

特定非営利活動法人劇団新制作座 設立
星槎高尾キャンパス 開設
星槎紙守紙研究所 開設
星槎湘南スタジアム 開設
2011 星槎学園高等部 北斗校 開校
ティンクル上野川保育園 開園
2012 星槎名古屋中学校 開校
一般社団法人星槎湘南大磯総合型スポーツクラブ 開設
一般社団法人星槎箱根仙石原総合型スポーツクラブ 開設
星槎札幌もみじキャンパス 開設
星槎箱根キャンパス 開設
2013 星槎大学大学院 開設
ティンクルくぬぎ坂保育園 開園
ティンクル瀬谷保育園 開園
特定非営利活動法人星槎さっぽろ教育センター 開設
2014 星槎もみじ中学校 開校
日本教育大学院大学 運営開始
一般社団法人外国人介護福祉士協会 設立
2015 世界こども財団 公益法人認定（公益財団法人世界こども財団）
2016 神奈川県青年海外協力隊支援協会 設立
星槎レイクアリーナ箱根 運営開始（指定管理）
2017 学校法人北海道星槎学園 星槎道都大学
名称変更及び運営開始（旧道都大学）
星槎大学大学院 教育実践研究科 開設
コミュニティ FM放送局 湘南マジックウエイブ85.6MHz 開局
星槎グループ 法人化（一般社団法人星槎グループ）
宮澤スタジアム 開設
星槎中井スタジアム 開始（ネーミングライツ）
2019 星槎国際高等学校 本部校 札幌市内に移転
星槎中学校 霧が丘校舎 新設移転
2020 星槎大学大学院 教育学研究科 後期博士課程 開設
2021 学校法人星槎こども園 KIDS planet 設立（学校法人国際学園から
ピーターパン幼稚園、青葉台幼稚園を移管）
2022 学校法人星槎 設立（学校法人国際学園から星槎中学校、星槎高等
学校、星槎名古屋中学校を移管）
星槎高等学校 通信制過程 開設

◎星槎グループ沿革

1972　鶴ヶ峰セミナー（のちツルセミ）設立
1982　株式会社エスクエラ（現 株式会社オルビス）設立
1984　文部大臣指定 宮澤学園高等部（現 星槎学園）開校（非課税団体認定）
1985　学校法人国際学園 設立
1986　ピーターパン幼稚園 開園
1987　横浜国際福祉専門学校 開校
1992　宮澤グループとして活動開始
1993　星槎学園高等部 昴校 開校
1995　横浜ブータン王国友好協会 設立
　　　星槎学園高等部 青葉校 開校
1997　星槎学園高等部 湘南校 開校
　　　星槎学園中等部 開校
1998　LD発達相談センターかながわ 開設
　　　星槎学園大学部 開校
1999　星槎国際高等学校 開校（2022年7月時点での開設拠点は以下）
　　　《本部校》札幌 《学習センター》芦別・札幌・札幌北・北広島・帯広・仙台・郡山・川口・立川・八王子・横浜鴨居・厚木・湘南・小田原・甲府・富山・福井・浜松・静岡・名古屋・大阪・高松・丸亀・広島・福岡中央・福岡東・北九州・那覇・沖縄 《キャンパス》旭川
2000　特定非営利活動法人 フトゥーロ設立（LD発達相談センター・心理相談室）
2001　社会福祉法人 星槎 設立
　　　野川南台保育園 開園
　　　奥寺スポーツアカデミー 開校
2002　宮澤グループから星槎グループへ名称変更
2003　青葉台幼稚園 開園
2004　星槎大学 開学
2005　星槎中学校 開校
2006　星槎高等学校 開校
　　　青葉台保育園 開園
　　　特定非営利活動法人星槎教育研究所 設立
2007　星槎栄光国際学園（現星槎学園）横浜ポートサイド校・大宮校開校
　　　特定非営利活動法人打鼓音 設立
2009　星槎湘南大磯キャンパス 開設
2010　一般社団法人スペースウェザー協会 設立
　　　一般財団法人世界こども財団 設立

◎宮澤保夫とアマチュア無線

宮澤保夫はアマチュア無線を楽しみました。
そして星槎の発展とアマチュア無線は切っても切れない関係にありました。

宮澤保夫は1964年にアマチュア無線の免許を取得して以来、この活動を自分の人生の一部として大切にしてきました。アマチュア無線の識別信号であるコールサインはJH1AJTでニックネームはゾロ（Zorro）と呼ばれています。多くの国と交信し、各国のアマチュア無線家との友情を豊かに育みました。1980年頃からなかなかアマチュア無線ができない国やエリアに入っていって、仲間と共に力を合わせ、交信を成功させていきました。さらに世界に宮澤保夫の名を印象づけたのは、ただ単に無線の交信をするのではなく、現地の人々の中に入っていき、協力をして、そこで必要とされる人道支援を実施し、それを長く継続してきていることです。そのことが高く評価され、2015年の無線の殿堂入り（DX HALL of FAME）をはじめとした数々の世界的な栄誉を受けることに繋がりました。亡くなる前の最後の1年（2021年）は病と戦いながらDXマラソンにも挑戦しており、アジア人初の世界第1位の栄誉に輝きました。その知らせは残念ながら逝去のあとに届きました。

そのアマチュア無線の仲間たちは、宮澤保夫が人生を懸けて取り組んできた世界中の子どもたちの環境整備支援の大きな応援団となっています。学習塾を始めた時、宮澤学園を設立した時、学校法人国際学園を立ち上げた時、公益財団法人世界こども財団として活動を始めた時、さまざまな場面でアマチュア無線の仲間たちがサポートをしてくださいました。
そのお力添えがあってこそ、現在の星槎グループが存在しています。

私たちはこのことを忘れません。

同時に私たちは宮澤保夫とアマチュア無線から学ばせていただきました。
一人ひとりが個人的に繋がっている人たちとの関わりを心豊かに育み、宮澤保夫と共に私たちが目指す共生社会の実現に向けて力を合わせられる仲間作りを追求していきます。

＊宮澤保夫が各国からいただいたコールサイン
JH1AJT・KH8Z・A5A・A5・A51A・A5/JH1AJT・E30FB・E31A・ET3DX・9E2A・PJ8Z・FS/KH8Z・S21YX・S21YZ・VP8DNT・XW1・XW1A・XW30A・XU1A・XZ1A・XZ1Z・XZ1J・ZV5AJT・7O1A・JH1AJT・JH1AJT/JD1

◎褒章・表彰・称号等

● ラオス

1968/1996「感謝状」(政府より)

● 北マリアナ諸島

1996　「感謝状など多数」(連邦政府、マリアナ観光局、議会などより)

2003　「親善大使」(下院議会より)

2004　「親善大使」(連邦知事より)

2006　「平和親善大使」(上院議会より)

　　　「サイパン教育親善大使」(連邦より)

2014　「サイパン－日本平和親善名誉大使」(連邦より)

● カンボジア

2013　「クメール勲章銅賞」(政府より)

● ミャンマー

2013　「感謝状」(連邦より)

2014　「感謝状」(連邦より)

● ブータン

2019　「ブータンオリンピック委員会会長付名誉顧問アドバイザー」

2021　「東京2020オリンピック・パラリンピック出場選手代表団の団長代理」

● 日本

2017　「外務大臣表彰」

● アマチュア無線関係

2015　「アマチュア無線殿堂入り」(CQ DX HALL of FAME /アマチュア無線を通じた長年にわたる国際的社会貢献を評価されて)

2020　「Amateur of the Year 」(世界最大のアマチュア無線コンベンションであるDayton Hamventionにおいてアマチュア無線を通じた国際貢献活動を評価)

　　　「アマチュア無線殿堂入り」(CQ Amateur Radio Hall of Fame/2つ目の殿堂入りは日本人初)

◎主な役職

・星槎グループ 創設者・会長・CEO
・一般社団法人星槎グループ 代表理事
・学校法人国際学園 理事長
・公益財団法人世界こども財団 理事長
・神奈川県青年海外協力隊支援協会 会長
・ラグビーワールドカップ2019™及び東京2020オリンピック・パラリンピック競技大会 神奈川推進会議 構成員
・ブータンオリンピック委員会会長付名誉顧問アドバイザー
・エリトリア2020オリンピック・パラリンピック委員会 日本国代理人
・エリトリアオリンピック・パラリンピック委員会 役員
・一般社団法人日本ミャンマー協会 理事
・北マリアナ諸島サイパン・日本平和親善大使

◎研究・論文

1996 『ブータン王国の文化遺産について』
（北カリフォルニアコンベンション主催）
2001-02 『アラスカロケット実験による下部電離層中のMF電波伝搬特性調査』（共同研究）等
2006 『場面づくりを通して』
日本学校メンタルヘルス学会 第9回大会講演記録
2011-19 「現場からの医療改革推進協議会シンポジウム」
2014 『不登校、学習障がい、発達障がい生の教育的環境作りについての研究
―星槎グループの発展過程―』（早稲田大学大学院修士論文）
『共生に向けての共感理解教育の導入』共生科学 第5巻
『共生科学の原点を語る－その視座と、目指すもの－』
共生科学研究10号記念鼎談

◎学歴・研究歴

1968　学校法人藤嶺学園　藤沢商業高等学校（現在藤沢翔陵高等学校に校名変更）卒業

1971-74　慶應義塾大学（文学部史学科通信教育課程）中退

2011-16　東京大学医科学研究所 先端医療社会コミュニケーションシステム社会連携研究部門 共同研究員

2014　早稲田大学大学院スポーツ科学研究科スポーツ科学専攻修士課程修了

2015-19　東京大学公共政策大学院 客員研究員

2022　星槎大学 名誉教授

◎著作・関連著書等

2008　『箱根散策ノート（初詣編）』（星槎大学出版部）

2009　『箱根散策ノート（植物・魚・鳥編）』（星槎大学出版部）

2010　『宮澤の独り言（Miyazawa's Essay ）』（星槎大学出版部）

2011　『人生を逆転する学校』（ 角川書店）
　『日本を大切にする仕事』（英治出版）

2012　『風魔散策ノート』（星槎大学出版部）
　『復興は現場から動き出す』（東洋経済新報社）
　『関わりあい わかち合う教育』（遊行社）

2018　『必要なところに、私は行く』（丸善雄松堂）
　『「行きたくない」が「行きたい」に変わる場所』（小学館）
　『わが人生』（神奈川新聞連載）

2022　『星槎の根っこ』（星槎グループ）

著者略歴

宮澤　保夫（みやざわ・やすお）

1949年、東京都町田市生まれ。藤沢商業高校（現・藤沢翔陵高校）卒。慶応大学中退、早稲田大学大学院スポーツ科学研究科修士課程修了。72年に横浜市旭区で学習塾を開校。その後、不登校や発達障害などの子どもたちへの教育で先駆的な役割を果たし、幼稚園から大学院まで約４万人が学ぶ星槎グループを一代で築いた。2015年には世界こども財団を設立し、ブータンやエリトリア、ミャンマーなど途上国の子どもたちの環境改善に貢献。21年の東京五輪・パラリンピックでは、県内自治体への事前キャンプ地誘致に尽力した。カンボジア政府のクメール勲章銅賞（15年）、外務大臣表彰（17年）などを受賞した。22年３月没。享年72歳。

わが人生29　もっともっと楽しい学校

2025年３月12日　初版発行

著　　者　宮澤　保夫
発　　行　神奈川新聞社
〒231-8445 横浜市中区太田町2-23
電話 045(227)0850（出版メディア部）

ISBN978-4-87645-690-1　C0095

神奈川新聞社「わが人生」シリーズ

1 医師ひとすじ　信念を持って　神奈川県医師会会長　田中　忠一
2 スカイラインとともに　S&Sエンジニアリング社長　櫻井眞一郎
3 いつも滑り込みセーフ　横浜高校監督　渡辺　元智
4 湘南の獅子　地域に生きる　湘南信用金庫理事長　服部　眞司
5 大正浜っ子奮闘記　崎陽軒会長　野並　豊
6 かわさき農歓喜　JAセレサ川崎代表理事組合長　小泉　一郎
7 湘南讃歌　俳優　加山　雄三

神奈川新聞社「わが人生」シリーズ

神奈川新聞社「わが人生」シリーズ

※肩書は出版当時のもの